NOTES

SUR LA

CATHÉDRALE DE NANTES

ET

SUR LE PROCÈS

RELATIF AUX TRAVAUX DE CETTE BASILIQUE

NANTES
IMPRIMERIE VINCENT FOREST ET ÉMILE GRIMAUD
PLACE DU COMMERCE, 4.

1871

NOTES

SUR

LA CATHÉDRALE DE NANTES

ET SUR

LE PROCÈS RELATIF AUX TRAVAUX DE CETTE BASILIQUE

NOTES

SUR LA

CATHÉDRALE DE NANTES

ET

SUR LE PROCÈS

RELATIF AUX TRAVAUX DE CETTE BASILIQUE

NANTES
IMPRIMERIE VINCENT FOREST ET ÉMILE GRIMAUD
PLACE DU COMMERCE, 4.

1871

Cet écrit, que je croyais pouvoir résumer en quelques pages, n'est point destiné à la publicité. C'est uniquement pour satisfaire à quelques observations et à la demande de bons amis, qui, après avoir lu mon manuscrit, m'ont exprimé le désir d'en avoir des copies, que je me suis décidé à le faire imprimer à un petit nombre d'exemplaires, que je tiens à leur disposition. J'ai pensé, d'ailleurs, que c'était un moyen plus sûr d'affirmer et rendre plus durables les témoignages de reconnaissance si légitimement acquis aux hommes qui ont pris l'initiative de l'œuvre de restauration de notre cathédrale, et qui l'ont poursuivie avec une énergique persévérance. Je m'applaudirais d'avoir aidé à en perpétuer, s'il se peut, le souvenir.

En plaçant au premier rang les noms si respectés de MM. Maurice Duval et Bignon, je ne puis oublier celui de l'honorable architecte de la cathédrale, M. Saint-Félix Seheult, *mon regrettable ami, qui a payé par un chagrin continu, qu'il n'a jamais pu vaincre, et par une mort anticipée, les attaques et les outrages dont il a été si injustement l'objet. C'est à la mémoire de cet homme si modeste, si pur et si désintéressé, que je me sens heureux de consacrer ce dernier hommage de mon estime et de mes meilleurs sentiments.*

NOTES SUR LA CATHÉDRALE DE NANTES

ET SUR LE PROCÈS AUQUEL ONT DONNÉ LIEU
LES TRAVAUX ENTREPRIS POUR SA RESTAURATION ET SON ENTIER
ACHÈVEMENT.

Par les faits que j'expose ici, je me propose de faire connaître comment, et par quelle suite de circonstances, les hommes sincèrement dévoués à l'œuvre de restauration de notre cathédrale, sont parvenus, à force de peines et de soins, et par une entente, tout à la fois religieuse et vraiment cordiale, qui ne s'est pas un instant démentie, à obtenir non pas seulement cette restauration, mais encore l'agrandissement de l'édifice dans ses limites actuelles.

On verra avec quelle ténacité, avec quel ensemble de vues, ces hommes de bien ont lutté, tantôt pour conquérir, tantôt pour conserver le terrain conquis, et ce qu'il a fallu de vrai dévouement et de courage, pour le sauver, avec notre abside, de l'envahissement complet dont ils furent menacés dans les plus mauvais jours de 1848.

On saura ce que deux d'entre eux ont eu à souffrir, par suite de la plus révoltante injustice qui se puisse commettre, et du procès le plus inouï dont je raconterai toutes les phases.

C'est pour moi et les amis dont j'ai reçu tant de témoignages de sympathie à l'occasion de cette importante affaire, que j'écris ces notes, afin de la bien faire apprécier, surtout au point de vue de la moralité, par des faits précis et des détails jusqu'à présent ignorés ou seulement connus du petit nombre de personnes qui l'ont étudiée et suivie, pour ainsi dire, pas à pas et dans toutes ses péripéties.

C'est aussi pour expliquer l'origine et la cause de la suspension des travaux de notre cathédrale, dont la reprise si languissante est, à mon avis, au double point de vue politique et religieux, le plus affligeant contraste qu'on puisse opposer à cette impulsion si vive et, parfois, si peu mesurée, que l'on imprime à d'autres travaux publics beaucoup moins importants.

Au moment où j'écris ces lignes, ces travaux qui étaient en pleine activité, quand ils ont été subitement interrompus, seraient aujourd'hui terminés. Qu'a-t-on fait depuis? Bien peu de chose, et à l'heure qu'il est, la grue inactive attend toujours les ouvriers.

Je dois ajouter que, si j'ai pu suppléer à la faiblesse de ma vue, qui me permet à peine d'user de quelques heures de lumière par jour; si j'ai pu me résoudre à vaincre cet obstacle, en dictant la plus grande partie de ce travail, je le dois à l'invitation pressante d'un savant modeste, dont le zèle infatigable et les laborieuses investigations s'attachent à recueillir, avec les soins les plus minutieux, jusqu'aux moindres documents dont il peut enrichir le catalogue de notre bibliothèque. C'est lui qui m'a fait apprécier et comprendre que, dans l'histoire si intéressante de notre cathédrale, il se trouvait une lacune de près de trente ans, qui ne pouvait être bien comblée que par de bons et sûrs témoignages.

Mon concours dans cette affaire — où je me suis trouvé engagé, je puis le dire en toute vérité, par un dévouement plus que désintéressé pour la plus juste des causes, et, au point de vue personnel, pour deux de mes plus honorables concitoyens indignement calomniés, — je l'ai donné avec d'autant plus d'entraînement, que j'ai toujours pensé et plusieurs fois dit à mes amis que je le considérais comme l'une des meilleures actions de ma vie. Cette opinion, qui m'a fait supporter, pendant plus de trois années consécutives, avec une énergique persévérance, des démarches, des ennuis, des veilles et un travail assidu, souvent au-dessus de mes forces, n'a pas varié et je la conserverai comme un heureux souvenir jusqu'au dernier jour de ma vie.

Comme introduction préliminaire aux faits plus récents dont j'entreprends le récit, je dirai quelques mots puisés à bonnes sources sur l'antiquité et la majesté grandiose du beau monument de notre cathédrale.

D'après les chroniqueurs les plus autorisés et quelques notes recueillies et conservées à l'évêché, on voit que l'origine de notre cathédrale remonte au milieu du sixième siècle, sous le quinzième évêque de Nantes et sous saint Félix, son successeur. C'était alors, nous dit-on, une église remarquable par sa grandeur, sa disposition et sa richesse.

Dans le courant des neuvième et dixième siècles, elle fut, à diverses reprises, pillée, incendiée et saccagée par l'invasion des Normands.

Reconstruite en partie vers l'an 980, elle subit de nouveaux désastres, par suite de nouveaux incendies et de plusieurs forts tremblements de terre, qui paraissent avoir détruit la plupart des édifices tant publics que particuliers de la ville.

La grosse tour du chœur fut achevée, en 1208, par l'évêque Geffroy, mais la coupole qui lui sert de base, peut bien appartenir à la construction du xe siècle.

La première pierre du clocher, en remplacement de celui construit en bois et qui avait été complétement détruit, fut posée en 1208 par l'évêque Henri Le Barbu, et cette restauration fut poursuivie et achevée dans les années 1420 et 1424, au moyen de subsides accordés au Chapitre par le duc de Bretagne Jean V.

Mais ce n'est véritablement que dans l'année 1434, sous le même duc Jean V, mort en 1442, que commence pour la Cathédrale une ère entièrement nouvelle. Arrivé de Vannes pour se fixer à Nantes avec sa famille, ce fut seulement alors qu'il résolut de reconstruire la cathédrale sur des dimensions beaucoup plus vastes, et posa, cette même année, la première pierre du portail (1434, 15 avril).

De 1525 jusqu'à 1628, on trouve quelques indications des progrès que faisait la construction de la nef, dont les voûtes furent commencées à cette dernière époque, puis continuées jusqu'en 1692, en même temps que la construction des basses ailes, du bas côté du chœur, des chapelles à l'emplacement de l'ancienne sacristie, qui fut remplacée probablement par celle qui existe encore aujourd'hui.

Enfin, on continua les constructions jusqu'en 1733, époque à laquelle un esprit de vertige semble s'être emparé des ordonnateurs de ces travaux. Au lieu de continuer l'entreprise dans laquelle on avait si bien persévéré durant trois siècles entiers, on la suspend, et, non content de cela, on bouleverse, on mutile une notable partie des constructions des tombeaux, etc. Une telle dévastation laissait peu de choses à faire aux vandales révolutionnaires.

De 1793 jusqu'en 1834, quelques grosses réparations, de peu d'importance et de simple entretien, ont été faites jusqu'à cette dernière époque, à laquelle ont commencé les travaux dont il va être question.

Tel est le résumé des renseignements que j'ai pu recueillir sur l'antiquité de notre cathédrale.

Quant à sa construction, au point de vue artistique, je ne puis mieux faire que de citer littéralement l'opinion du savant archéologue, M. Prosper Mérimée, consignée dans son rapport fait en 1835 au ministère des cultes.

« Rien de plus noble, de plus imposant, dit M. Mérimée en parlant de notre cathédrale, que cette nef immense; sa hauteur, sa largeur dépassent les proportions auxquelles nos yeux sont accoutumés. Ses arcades peuvent passer, à juste titre, pour un modèle d'élégance, et le jeu de lumière et d'ombre dans les longues avenues qui les entourent depuis le haut jusqu'en bas, produit l'effet le plus agréable. Si, dans quelques parties, on peut reprendre des fautes de goût qui ne se rencontrent que dans les cathédrales du xve siècle, il faut convenir que l'impression que fait éprouver l'ensemble de cette église est presque aussi puissante. Il n'y manque que des vitraux, pour qu'elle ait le caractère à la fois sévère et splendide de nos anciennes basiliques. La galerie qui fait le tour de la nef, me paraît digne d'être citée comme un des meilleurs modèles. Elle se dessine par une suite d'arcades surbaissées, entourées d'archivoltes en ogives à contre-courbe, ornées avec la plus grande richesse; ses larges et profondes moulures, ses feuillages, toujours gracieux dans leur variété, refouillés avec un art admirable, sont d'un effet merveilleux par leur ensemble, lorsqu'on les regarde d'en bas, et ils méritent encore qu'on monte dans la galerie pour examiner de près la finesse, la perfection du travail, l'heureux choix des motifs de l'ornementation.....

» On s'occupe avec activité, aujourd'hui, de l'achèvement de la cathédrale de Nantes. Dans le plan adopté, le chœur aura la même architecture que la nef, et, par conséquent, le chœur actuel doit être démoli. Malgré mon respect pour les vieux monuments, je verrai sans peine la destruction de celui-ci, qui, d'ailleurs, n'a d'autre mérite que ses huit siècles d'existence, si, comme on se le propose, on copie exactement l'architecture de la nef. Les dessins qu'on a bien voulu me communiquer sur « cette restauration « projetée, *m'ont semblé sous ce rapport d'une exac- « titude sans reproche* (1). »

Après ce simple aperçu, je diviserai en deux parties, par leur nature très-distinctes, le récit que je vais faire, en prenant pour point de départ l'époque des premiers travaux de restauration de la cathédrale jusqu'à la révolution de 1848 et, comme suite et point d'arrivée, celles du 24 février 1848 et du 26 décembre 1854 : époque à laquelle s'est terminée, après une nouvelle guerre de sept ans contre l'architecte et l'entrepreneur de ces travaux, la complète liquidation de cette affaire, qui a eu tant de retentissement à Nantes et surtout à Paris, — où elle n'était désignée, parmi les membres du conseil d'Etat, que sous le titre de la *grosse affaire de la cathédrale de Nantes.* Au nombre des faits que je vais raconter, il en est qui déjà ont été mentionnés, mieux que je ne pourrais le faire, dans les mémoires publiés pour la défense de MM. Seheult et Garreau; je me contenterai, pour suivre l'ordre chronologique que je me suis imposé, de les énoncer sommairement, en y ajoutant ceux qui n'y figurent pas avec les circonstances qui les ont accompagnés.

(1) Cet éloge bien mérité s'adressait à M. Seheult, architecte, chargé des travaux de restauration de la cathédrale.

PREMIÈRE PÉRIODE

DE

1835 A 1848

État de la cathédrale en 1835, époque à laquelle les travaux furent confiés à la direction et aux soins de MM. Seheult et Garreau (voir le plan). — La seule amélioration projetée était alors l'établissement d'une petite chapelle dans la cour Saint-Jean. — M. l'architecte Seheult en signale l'insuffisance et propose de lui substituer la partie septentrionale du transept. — Crainte exprimée par Mgr de Guérines de compromettre le certain pour l'incertain. — Il se rend enfin à l'avis commun et propose de concourir avec son Chapitre à la dépense du transept, jusqu'à concurrence de 16,000 fr. — Peu de temps après, on demande et on obtient l'autorisation de construire les deux travées à la suite du transept, avec les deux chapelles correspondantes, mais à une condition menaçante pour l'avenir de la cathédrale. — Le devis de ces travaux approuvé le 18 octobre 1838, deux adjudications successives sont inutilement tentées. — Après bien des hésitations, M. Garreau, pressé par l'Evêché et MM. Maurice Duval et Bignon, se charge de l'entreprise. — Les travaux avancés, on entrevoit avec peine que le gros mur de clôture dont l'établissement avait été prescrit allait devenir un obstacle presque invincible à l'agrandissement futur de la cathédrale. — Après de longs débats, on obtient enfin sa suppression, qui fut accordée le 6 octobre 1843. — Arrivée de Mgr le duc de Nemours à Nantes, sa visite à la cathédrale, son intervention avec MM. Maurice Duval et Bignon, en faveur de la construction de l'abside. — Le devis des travaux pour cette partie de l'édifice est approuvé le 30 juin 1844. — M. Garreau refuse d'abord et accepte ensuite l'exécution de ces travaux. — Ses motifs. — Par suite de découvertes d'anciennes fondations, on demande

et on obtient l'autorisation de reculer les nouvelles constructions jusqu'à cette dernière limite. — Les travaux se continuent sans obstacle jusqu'en 1848. — A cette époque, tous les comptes relatifs à cette première série de travaux sont *exactement* rendus et définitivement approuvés.

Dans le courant de l'année 1835, M. Garreau fut chargé d'exécuter sous la direction de M. Seheult, architecte, divers travaux de peu d'importance, tant à la cathédrale qu'à l'évêché. Des travaux de simple entretien avaient eu lieu dans les années précédentes, sous la direction de M. Sauvaget.

A cette époque, la cathédrale se composait de la nef, du chœur roman à la suite, de la partie méridionale du transept, et de la vieille sacristie. Cet ensemble formait environ la moitié de l'étendue superficielle du plan tel qu'il existe aujourd'hui (voir le plan dont les teintes indiquent les anciennes et les nouvelles constructions).

Il était alors question, et la proposition en avait été faite en 1834, d'établir une petite chapelle dans la cour Saint-Jean, à l'endroit où se trouve aujourd'hui la partie du transept septentrional nouvellement construit; mais on ne tarda pas à s'apercevoir que l'établissement de cette petite chapelle ne remplissait pas le but qu'on devait se proposer d'atteindre, et qu'il fallait lui substituer la partie septentrionale du transept.

Mgr de Guérines, auquel il en fut parlé, répondit qu'on devait se méfier d'un entraînement pouvant compromettre ce qui était accordé, en demandant ce que probablement on n'accorderait pas.

Néanmoins, on insista auprès de Monseigneur, qui finit par se ranger à la même opinion. Cette proposition acceptée, M. l'abbé Vrignaud, l'architecte Seheult et M. Garreau s'occupèrent immédiatement de prendre toutes les mesures tendant à prouver au gouvernement la nécessité d'un agrandissement de l'édifice, dans l'intérêt de la population religieuse.

Cette preuve d'insuffisance une fois faite, Mgr de Guérines offrit à l'administration son concours et celui de son Chapitre jusqu'à concurrence de 16,000 fr., si elle consentait à remplacer la petite chapelle par le bras du transept; et sa proposition fut acceptée.

Peu de temps après, et par le résultat de nouvelles observations faites sur place, on demanda l'autorisation d'ajouter à ce bras de croix la construction des deux travées à la suite, avec les deux chapelles correspondantes.

Dans l'intervalle qui s'écoula de 1835 à 1838, on s'occupa de démolir les vieilles constructions qui entouraient l'édifice, et de déblayer le terrain, de manière à rendre plus facile et plus prompte, aux yeux de tous, l'exécution des travaux demandés. L'Evêché, l'architecte et l'entrepreneur, vivement appuyés par M. Maurice Duval, alors préfet de Nantes, et par M. Bignon, député, marchaient d'accord et résolûment au but qu'on se proposait d'atteindre.

Le projet fut enfin admis en principe par le ministre des cultes, mais, à la condition qu'il serait strictement renfermé dans les limites de la demande, et que le chœur roman serait terminé par un mur droit, d'une épaisseur de deux mètres, qui, pour l'avenir, excluait nécessairement tout autre projet d'agrandissement.

Force fut d'accepter dans ces termes la prescription impérative du ministre, et de s'y conformer dans le devis des travaux qui lui fut présenté; mais M. l'architecte eut grand soin de le faire précéder de quelques observations historiques, accompagnées de vieux plans et d'indications qui attestaient la découverte de quelques vestiges de maçonneries anciennes; toutes choses constatant que des projets, remontant à plus de deux siècles, assignaient à l'édifice un périmètre beaucoup plus étendu que celui dans lequel on voulait l'enfermer.

Enfin, le devis approuvé le 18 octobre 1838, il s'agissait de trouver un entrepreneur pour exécuter les travaux.

A cet effet, deux adjudications successives, précédées et suivies d'appels réitérés faits à divers entrepreneurs, furent vainement essayées.

Personne, si ce n'est un seul entrepreneur qui présentait des conditions qu'il était impossible d'admettre et une augmentation pécuniaire de 10 %, personne ne voulait se charger de ces grands travaux, qui offraient d'autant plus de risques que, à cette époque, aucun ouvrier n'y était préparé.

Seul, et après bien des hésitations, M. Garreau se chargea de cette mission périlleuse, et, je puis le dire, parce que j'en ai les preuves, sa résolution ne fut prise qu'en vue des craintes incessantes que manifestait l'Evêché de voir l'entreprise échouer, ou tout au moins les travaux indéfiniment ajournés.

Une fois à l'œuvre, et à peine les fondations du bras de croix commencées, on entrevoyait avec peine le moment où l'on allait arriver jusqu'à celles du gros mur qui devait à jamais s'opposer à l'agrandissement futur de la Cathédrale.

L'Evêché s'en montrait surtout très-préoccupé, et Monseigneur en parlait souvent. Il n'ignorait pas qu'indépendamment de l'obstacle qu'on pouvait rencontrer à Paris, pour obtenir la suppression de ce gros mur, dont on ajournait à dessein l'exécution, il en pouvait surgir un autre de la part de l'entrepreneur, qui avait un intérêt très-direct à sa construction, attendu que c'était là la partie la plus simple, la moins risquante et, par conséquent, la plus avantageuse de son travail.

Toutefois, M. Garreau n'hésita pas, dans le grand intérêt qui le dominait tout aussi bien que les autres, à déclarer que, bien loin d'être un obstacle au vœu de l'Evêché, on trouverait en lui l'agent le plus actif et le plus désintéressé pour arriver, le plus promptement possible, à sa complète réalisation.

En effet, non-seulement, il n'hésita pas à se désister du droit qui lui était acquis par son marché, et dont le ministre se faisait une arme de plus pour combattre les prétentions de l'Evêché, mais il fit tantôt seul, tantôt avec l'un des grands vicaires, et, *à ses frais*, plusieurs voyages à Paris pour obtenir que le mûr ne fût pas construit. Ainsi, non-seulement, il combattait contre lui-même, mais il s'imposait volontairement une partie des frais de la guerre.

Après bien des entraves et des débats, parfois assez vifs, entre M. l'abbé Vrignaud et M. Dessauret, alors directeur général des cultes, l'on parvint enfin, de guerre lasse, à obtenir la suppression tant souhaitée de ce mur, laquelle fut accordée le 6 octobre 1843, c'est-à-dire trois ans après le commencement de l'instance.

Dans une de ces entrevues, un débat, cette fois très-animé, eut lieu entre M. l'abbé Vrignaud et M. Dessauret. Celui-ci, avec son accent auvergnat, lui disait : « Tout beau, tout beau, monsieur l'abbé, » je vous ai dit que vous n'obtiendriez pas ce que » vous demandez, et vous ne l'obtiendrez pas. » A quoi M. l'abbé répondait : « Monsieur le directeur, je » vous prie de remarquer que je ne suis pas venu ici » solliciter pour moi; je parle dans l'intérêt général : » l'édifice appartient à l'Etat, et lui restera, sans que » je puisse en emporter une pierre, et vous ne m'en » diriez pas plus, si je défendais un intérêt qui me » fût personnel. »

Cette conversation m'a été rapportée, mot pour mot, par une personne digne de foi qui accompagnait M. Vrignaud.

Quoi qu'il en soit, la suppression du mur fut un coup de maître, et décida plus tard la construction de l'abside, à laquelle on avait préludé, en profitant de l'arrivée de Mgr le duc de Nemours qui eut lieu dans le mois d'août 1843.

En effet, le 15 de ce mois, Son Altesse se rendit à la Cathédrale et, après une inspection très-minutieuse, se prononça en faveur de l'abside, et promit d'en faire l'objet d'une réclamation toute particulière au ministre.

Cette haute intervention de Mgr le duc de Nemours, aidée de celle de MM. Maurice Duval et Bignon, décida M. le ministre en faveur de l'abside. En conséquence, un devis de travaux relatifs à cette partie de l'édifice dressé par M. l'architecte, fut approuvé le 30 juin 1844.

Le projet approuvé, M. Garreau fit connaître à l'Evêché que, malgré toute la satisfaction qu'il éprouvait de cet heureux résultat, il était loin de convoiter l'entreprise des travaux relatifs à cette seconde partie de l'édifice; mais qu'en continuant celle qu'il avait commencée, il s'empresserait d'aider, de son assistance et de tous ses moyens, l'entrepreneur qui en serait chargé par la nouvelle adjudication à laquelle on allait procéder.

L'éloignement que M. Garreau éprouvait pour cette nouvelle campagne, provenait moins de lui-même que des obsessions journalières de sa famille, qui le voyait négliger ses travaux ordinaires ou refuser d'en prendre de nouveaux, tant il était absorbé par ceux de la Cathédrale. Un autre motif, sur lequel on insistait aussi, était les risques toujours attachés à de pareilles entreprises, et qui, faute de la plus active surveillance, peuvent exposer l'entrepreneur à perdre, dans un seul jour, le fruit du travail de bien des années et d'une réputation laborieusement acquise.

Néanmoins, retenu, d'un côté, par sa famille qui ne voulait pas, pressé, de l'autre, par l'administration et l'Evêché qui le voulaient, M. Garreau ne put résister, après bien des hésitations pourtant, à se rendre à ce dernier appel, si flatteur pour lui.

Entre autres preuves de ce qu'on avance ici, je citerai : 1° la lettre que Mgr l'évêque de Hercé écrivait à M. le baron Maurice Duval, le 3 février 1844, et dans laquelle, après les éloges donnés à M. Garreau, on lit : « Qu'il est bien à désirer que l'abside soit confiée » aux mêmes mains, parce que, autrement, il serait » à craindre qu'il n'y eût une disparate dans ces » travaux si parfaitement exécutés » ; 2° celle que M. l'abbé Vrignaud écrivit, dans le même temps, à M. Garreau, et dont voici les termes :

« Evêché de Nantes, le 9 janvier 1845.

» Mon cher monsieur Garreau,

» Madame Garreau a dû vous dire que Monseigneur » et moi, nous nous étions présentés chez vous, » pour vous parler de notre chère abside. Monseigneur tient beaucoup à ce que vous continuiez ce bel » ouvrage que vous avez si bien commencé.

» Nous espérons donc que vous vous rendrez à ces » vœux qui vous sont exprimés de toutes parts, et qui » sont d'autant plus faits pour vous toucher, que, » d'ordinaire, ce sont les entrepreneurs qui sollici-

» tent l'ouvrage, et non l'ouvrage qui va au-devant
» des entrepreneurs.

» Votre tout dévoué. »

J'ajouterai que c'est à cette occasion que mon honorable ami, M. Bignon, me disait, avec un sentiment d'amertume bien accentué, qu'en présence de la situation périlleuse dans laquelle se trouvait alors M. Garreau au sujet de son procès avec l'Etat, il s'adressait, malgré lui, le reproche d'avoir, avec M. Maurice Duval, usé de toute son influence pour le déterminer à accepter, contre le vœu de sa famille, la continuation des travaux qu'il avait si bien conduits ; et que, plus tard, il exprimait les mêmes regrets à M. Huet, avocat de M. Garreau, par sa lettre du 4 avril 1850, où il lui disait :

« En voyant à quelles pénibles contraintes M. Garreau me paraît réduit, en le voyant forcé de demander justice, *je me reproche vivement* d'avoir été un des hommes qui ont exercé sur lui une fatale influence, pour le déterminer à se charger de cette lourde entreprise. »

C'est après cet appel si flatteur, vivement appuyé par l'administration et accueilli, on peut le dire, avec empressement, par le conseil des bâtiments civils et le ministre des cultes, que M. Garreau prit la résolution de se charger des travaux relatifs à l'abside.

Cette détermination une fois arrêtée, il s'occupa immédiatement des approvisionnements nécessaires pour cette nouvelle construction et des déblais du terrain, et c'est en se livrant à ce dernier travail, qu'il

2

rencontra sous pioche d'anciennes fondations, attestant, d'une manière bien plus positive que par les découvertes précédemment faites, que le projet d'agrandissement de la Cathédrale datait d'une origine très-ancienne, et excédait d'une travée tout entière la limite que l'on avait eu tant de peine à conquérir.

On s'empressa de donner avis de cette nouvelle découverte à l'administration, dans le but d'obtenir, ce qu'en réalité on a obtenu, le prolongement de l'édifice.

Ici se présentait, à l'égard de l'entrepreneur dont le marché était arrêté et signé, la même objection qu'on avait rencontrée au sujet du gros mur dont j'ai parlé. Son droit était acquis et ne pouvait être arrêté dans son exercice, qu'à la condition d'une indemnité proportionnée au dommage qui pouvait résulter de l'interruption des travaux commencés. Ce droit si légitimement acquis, M. Garreau n'hésita pas à le sacrifier complétement à la crainte qu'on lui fit pressentir, qu'il serait un obstacle à l'autorisation de reculer l'abside jusqu'à ses dernières limites.

Et pourtant, il faut bien reconnaître que cette interruption de près d'une année, sans faire état des accidents qui pouvaient survenir dans les travaux préparatoires qu'il avait commencés, laissait à sa charge l'intérêt d'un capital considérable, employé tant à l'achat des matériaux qu'aux mains-d'œuvre nécessaires pour les mettre en place. Ce qui, surtout, était un grand embarras et lui a causé, par suite, un notable préjudice, c'était la difficulté de conserver les nombreux ouvriers qu'il avait dû, dans cet intervalle de temps, employer à d'autres travaux. A l'appui de cette assertion, on peut voir la note très-détaillée adressée au ministre, et sur sa demande, par M. le vicaire général, sous la date du 24 juillet 1846, au nom et d'après les instructions de son évêque.

L'autorisation de ce prolongement, ayant été obtenue, fut transmise à Nantes dans le courant de juillet 1846, et, en se reportant à la lettre d'avis du ministre, on y trouve qu'il désigne nommément M. Garreau pour cet excédant de travail, que celui-ci dut accepter.

Dans le même temps, la fabrique, qui venait d'obtenir l'autorisation de faire le carrelage de l'ancienne église, ne trouvant pas d'entrepreneurs pour ce nouveau travail, M. Garreau n'hésita pas à lui prêter son nom et même son concours purement officieux, ce qui dut lui causer une perte de temps assez grande, nécessitée par toutes les formalités qu'entraîne, en pareil cas, la responsabilité envers l'administration.

Je ne cite ce dernier fait, que pour prouver qu'on trouvait, partout et toujours, M. Garreau disposé à faire tout ce qu'il pouvait dans l'intérêt de la cathédrale.

Les travaux, repris aussitôt après l'autorisation dont je viens de parler, se poursuivirent avec une grande activité jusqu'à la révolution de 1848.

Ce qui constate d'une manière irréfragable l'activité de M. Garreau et son entier dévouement à l'œuvre qu'il avait commencée, c'est qu'à la fin de cette première période, il était en avance d'une somme très-importante et qui, augmentée par les travaux continués après la révolution de 1848, dans le but de sauver l'abside dont on voulait ensabler les fondations, s'est élevée à plus de 156,000 fr. (¹).

Il est utile de faire remarquer, pour la suite des événements survenus dans la seconde période, de 1848 à 1854, et pour l'intelligence des faits qui s'y rattachent, que tous les décomptes relatifs à cette première série de travaux, au nombre de six, le décompte général et récapitulatif de tous les décomptes particuliers, furent adressés, avec toutes les pièces à l'appui, par M. le préfet à M. le ministre des cultes, qui, sous la date du 4 juillet 1846, lui en accusa réception en ces termes :

« Vous m'avez adressé un métré détaillé de tous » les travaux exécutés à l'édifice, avec diverses pièces, » telles que *cahiers de croquis, attachements con-* » *tradictoires, dessins, épreuves au daguerréotype,* » *etc., etc.* »

Comme on le voit par tout ce qui précède, un dévouement parfait de la part de l'architecte et de l'entrepreneur à l'œuvre de restauration de notre cathédrale; un désintéressement, d'autant plus noble qu'il est plus rare, de la part de celui-ci; des marchés longuement débattus et librement acceptés par lui et l'administration; des décomptes particuliers fournis dans le cours de cette période, au fur et à mesure de l'avancement des travaux; puis un décompte général et récapitulatif soumis, comme tous les autres, au

(¹) Voir la requête de M. Garreau au ministre, en date du 8 octobre 1849.

Conseil des bâtiments civils, au bureau du contrôle, et définitivement approuvés par le ministre; enfin, réussite complète des louables et persistants efforts tentés au double point de vue de la restauration et de l'agrandissement de notre cathédrale, suivie de la mise en œuvre des travaux d'exécution pour y parvenir : tels sont les faits dans toute leur vérité, telle était la situation à l'époque où la révolution de 1848 a éclaté.

Aurait-on pu croire, après tout cela, qu'il se fût trouvé des gens assez pervers et assez audacieux, pour accuser deux hommes honorables et justement honorés, — dont l'un n'avait d'autre tort que celui de réclamer ce qui lui était légitimement dû, et l'autre d'être dans une situation devenue l'objet des convoitises d'un rival ambitieux et jaloux, — pour les accuser, dis-je, d'avoir détourné de leur destination et à leur profit les deniers de l'Etat ? N'était-ce pas, du même coup, mettre en cause et accuser d'incurie ou d'ineptie, voire même de complicité morale, les préfets, le Conseil des bâtiments civils et les ministres qui avaient pris part, comme on le disait au Conseil d'Etat, *à cette grosse affaire* ?

Aurait-on pu croire, après tout cela, ce qu'on va lire dans le chapitre suivant ?

Si je n'avais d'autres témoins, dans cette cause, que ma conscience et des souvenirs personnels, j'aurais peut-être hésité, tant ils sont incroyables, à raconter les faits qui s'y rattachent et qui, à première vue, ont troublé tant de bons esprits. C'est pour les mieux affirmer et n'être suspecté d'aucune prévention, qu'à l'appui de mes assertions, je mentionnerai, dans le cours de ce récit, une partie des pièces du procès dont je vais parcourir les phases, et de la volumineuse correspondance à laquelle il a donné lieu. L'honorabilité, si bien connue des personnes dont j'emprunterai le témoignage, leur haute position dans l'administration et dans les affaires du pays, la précision des opinions et des dates qui ne peuvent être improvisées, ni tronquées, seront autant de preuves incontestables de la vérité, qui, pour être bien saisie et sagement appréciée dans cette grave affaire, doit être présentée dans tout son jour, sans ménagements, sans ambages et sans capitulations de conscience d'aucune sorte.

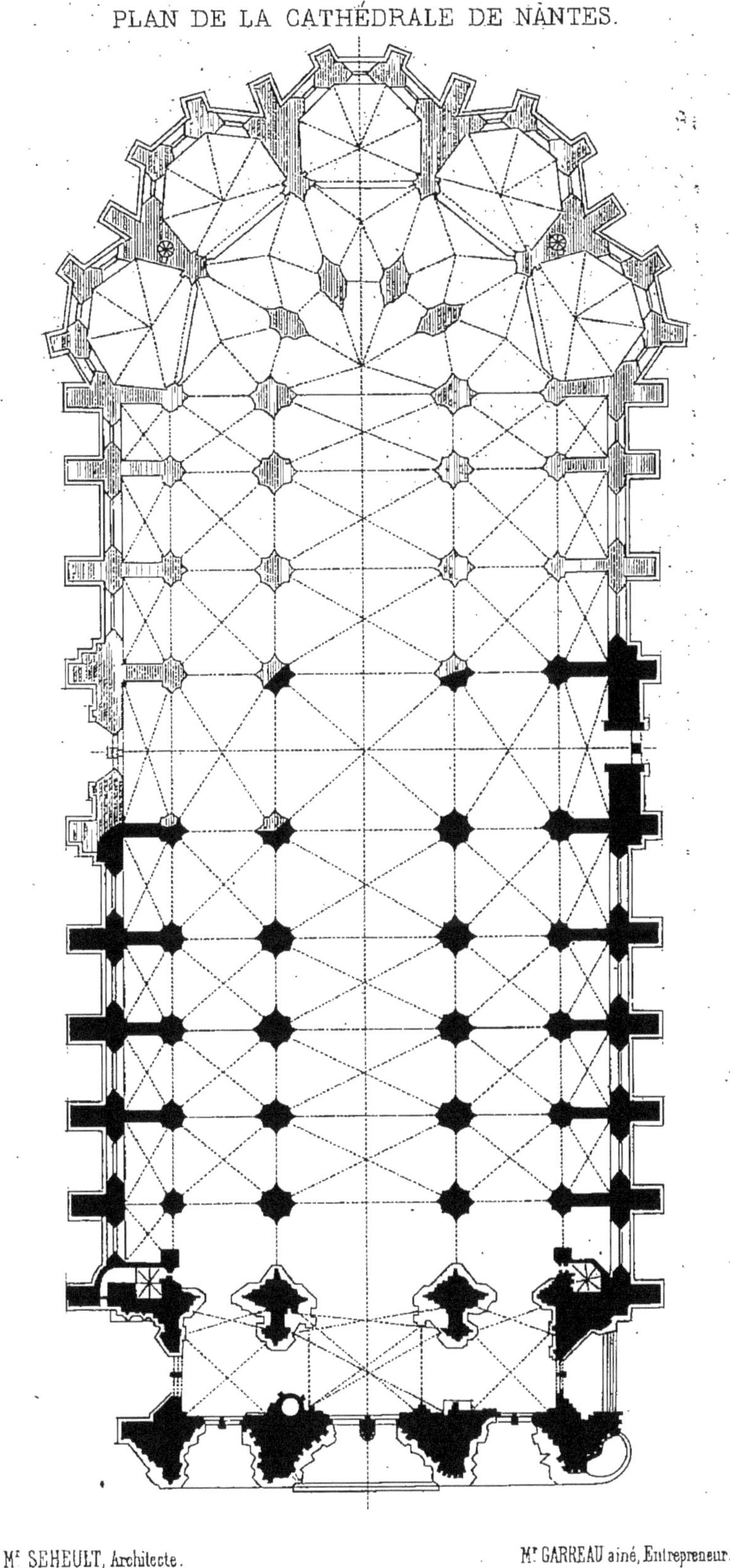
PLAN DE LA CATHÉDRALE DE NANTES.
Mr SEHEULT, Architecte.
Mr GARREAU aîné, Entrepreneur.

DEUXIÈME PÉRIODE

DE

1848 A 1854.

---

§ I. — 1848.

Révolution du 24 février. — M. Durieu, directeur général des cultes. — Guerre contre les architectes diocésains impitoyablement destitués. — Convoitises de M. Lassus, ses procédés et ses moyens. — Un crédit de 40,000 fr. avait été accordé pour la continuation des travaux de la cathédrale. — M. Lassus arrive à Nantes en même temps que le mandat de paiement de cette somme (6 avril 1848). — Le 26 du même mois, il adresse au ministre un rapport contre l'architecte et favorable à l'entrepreneur, dans lequel il signale l'insuffisance des évaluations de M. Scheult pour les travaux restant à exécuter. — Curieux rapprochement des diverses estimations de M. Lassus dans le cours du débat. — Opinion de M. Garreau sur l'iniquité de la mesure qu'on s'apprête à prendre contre M. Scheult; sa mise en demeure de continuer les travaux sous la direction de M. Lassus; son refus nettement exprimé. — MM. Lassus et Leblond se font remettre, sous un faux prétexte, tous les papiers en la possession de M. Scheult et ceux qui se trouvaient au chantier de l'évêché. — Presque aussitôt après cette remise (le 9 juin), M. Lassus intime à M. Scheult l'ordre d'exécuter le remblai des fondations de l'abside et dresse, le lendemain 10, un devis dans lequel figure la dépense relative à cette opération et à l'établissement d'un mur de clôture. — Le ministre approuve ce devis et autorise le préfet à donner des ordres pour l'exécution immédiate de ces travaux (1er juillet 1848). — Cri général de réprobation. — M. le préfet, Marius Ram-

pal, s'en fait l'organe auprès du ministre. — L'ordre de M. Lassus est retiré. — 2 août 1848, second rapport de M. Lassus, plus hostile que le premier, contre MM. Seheult et Garreau; ses injures et ses indiscrétions. — Lettre à l'appui de ce rapport, de M. Emile Leblond, attestant la remise des papiers par M. Seheult et à l'Evêché. — Sommations juridiques constatant le même fait. — Le ministre revient sur son approbation du devis du 10 juin; le pourquoi de cette nouvelle manœuvre. — Décompte général des travaux exécutés en 1848. — Fin de cette campagne. — Résumé.

La révolution de 1848 éclate, et, à sa suite, les ambitions, les convoitises et les intrigues de toutes sortes s'éveillent, se coudoient et se heurtent en tous sens; le vent, dit de l'épuration, souffle de tous côtés, et, dans ce premier coup de feu, ce qui sort de l'ébullition, sauf d'honorables exceptions, c'est l'écume (1).

M. Durieu est appelé aux fonctions de directeur général des cultes. Autour de lui, se groupent les architectes ayant peu ou point de travaux, et ceux qui, en ayant beaucoup, n'en ont jamais assez.

Au nombre de ceux-ci, l'un des plus âpres à la curée, si l'on en juge par la bonne part qu'il s'est faite, au détriment d'honorables confrères, est, sans contredit, M. Lassus, dont le nom est, comme celui de M. Durieu, malheureusement trop connu dans les fastes du procès dont je vais parler (2).

(1) Si cette appréciation pouvait être contredite en thèse générale, on verra qu'ici elle se trouve complétement justifiée par des preuves irrécusables.

(2) M. Lassus, au moment où il convoitait et poursuivait avec tant d'ardeur la place de M. Seheult, comme architecte de la cathédrale de Nantes, venait de s'adjuger ou de se faire adjuger celles de deux honorables confrères chargés des travaux des cathédrales du Mans et de Chartres; si bien que, plus il en avait, plus il en voulait avoir.

A la suite de ces deux noms, je pourrais en citer d'autres ayant agi, les uns comme complices intéressés, et les autres par envie ou lâche complaisance ; je ne le ferai pas : c'est déjà bien assez de signaler les deux principaux personnages qui ont figuré dans ce déplorable débat, et même ce serait trop, si, pour en rendre compte, je pouvais me dispenser de le faire.

A certains chapitres du budget des cultes, figurent, comme on le sait, d'assez fortes allocations destinées aux constructions et restaurations des édifices religieux. M. Lassus le savait mieux que tout autre, pour en avoir largement usé. Afin d'en user plus largement encore, il ne s'agissait que de profiter du moment pour ravir aux architectes qui étaient en possession de ces travaux, tous moyens de les continuer. Pour cela, il fallait les destituer de leurs fonctions, et, afin de colorer l'arbitraire d'une mesure aussi radicale, accuser les uns d'incapacité et calomnier à outrance les plus récalcitrants. C'est ce dernier moyen qui fut employé contre l'architecte et l'entrepreneur des travaux de la cathédrale de Nantes ([1]). Il fallait aussi, en même temps qu'on les frappait, les priver de tous moyens de défense et de recours contre les décisions

([1]) Parmi les nombreuses victimes de cette croisade impie contre les architectes des travaux diocésains, je citerai seulement deux faits qui suffisent pour la caractériser.

M. Lassus s'était emparé des travaux relatifs aux cathédrales de Chartres et du Mans. Malgré les réclamations très-vives du conseil général de cette dernière ville, M. de la Rue fut, tout aussi bien que ses autres collègues, impitoyablement sacrifié. Il en fut ainsi pour les travaux des cathédrales de Nevers arbitraires prises contre eux; et c'est dans cette pensée, qu'on s'empressa de retirer du Conseil des bâtiments civils, seul juge compétent et désintéressé dans la question, les édifices religieux, pour les placer, tout d'abord, sous le bon plaisir de la direction des cultes, — en affectant, plus tard, un semblant de contrôle dans la création d'une commission diocésaine, composée en grande majorité d'architectes *militants*, plus ou moins intéressés à l'œuvre qu'on voulait consommer *per fas et nefas* (1).

Cette *honnête précaution*, une fois prise, fut tout aussitôt suivie d'une mesure *plus honnête* encore, celle de nommer des commissaires, désignés, bien entendu, parmi les architectes *militants*, apparemment pour juger, avec toute garantie d'indépendance, la conduite et les œuvres des confrères qu'ils voulaient remplacer.

Dans ce moment de tourmente, on s'occupait, à

et de Sens, confiés, depuis 25 ans, à la direction d'un architecte habile et dont la probité était à toute épreuve, ainsi que le constatent ses nombreux défenseurs au nombre desquels étaient M. le président Portalis et M. Victor Hugo.

Voici au sujet de cette destitution ce que M. Robelin écrivait à M. Portalis :

« Le Conseil des arts et édifices religieux, au rebours des autres, se compose » d'architectes, tous en possession de travaux ; plusieurs en font pour l'administration des cultes et sont, en conséquence, juges et parties dans leur propre cause. Les rapports, ni les rapporteurs, pas plus que les avis de la commission, ne sont connus des parties; c'est l'ombre et le mystère. On est » frappé par derrière, sans savoir sur qui, ni sur quoi faire tomber sa riposte, » et les décisions vous atteignent, sans qu'il ait été possible de les prévenir, » ni de les empêcher : cela ne peut s'appeler de l'administration. »

(1) Cette commission diocésaine, nommée par arrêté du gouvernement du 16 décembre 1848, a dû être et a été réorganisée par décret impérial du 7 mars 1853. Il n'est resté que deux membres des seize qui la composaient à son origine. Il faut en convenir, le vent de l'épuration ne pouvait, ici, mieux souffler.

Nantes, de donner du travail à la classe ouvrière pour subvenir à ses besoins. Un atelier se trouvait tout organisé à la cathédrale; c'était, à la fois et au point de vue politique et religieux, donner satisfaction à tous les vœux, que de poursuivre, et d'activer le plus possible, les travaux en cours d'exécution, auxquels étaient employés plus de deux cents ouvriers.

C'est dans cette pensée, que Mgr l'évêque de Hercé s'empressa d'écrire à M. Guépin, alors commissaire du gouvernement, pour le prier de prendre en considération la demande qu'il lui adressait d'une allocation destinée à la continuation des travaux de la cathédrale, et de l'appuyer de toute son autorité auprès du ministre des cultes.

M. Guépin le fit avec empressement et plaida, avec cet esprit de justice dont il n'a cessé de faire preuve, la cause de l'architecte et de l'entrepreneur, dont le talent et la probité lui étaient bien connus. Un crédit de 40,000 fr. fut accordé, et, par une singulière coïncidence, M. Lassus arriva à Nantes en même temps que le mandat sur le payeur général (et probablement, l'un portant l'autre) : avec mission du ministre d'examiner les travaux en cours d'exécution à la cathédrale et de lui en rendre compte. On comprend tout de suite avec quelle *impartialité* M. Lassus dut remplir cette mission envers un confrère dont il avait lieu, dit-on, d'être jaloux, mais dont il était, à coup sûr, beaucoup moins l'ami que l'ami de sa place.

Ce qu'il fit à Nantes, où son apparition ne fut, pour ainsi dire, qu'un éclair de mauvais augure, peut se résumer par deux courtes visites à la préfecture et à la cathédrale, probablement comme signe ostensible de sa mission et pour en affirmer l'importance dans son rapport au ministre.

Pourtant, ce rapport, adressé au ministre vingt jours plus tard, contient, contre l'architecte de la cathédrale, une longue série de reproches, appuyés sur des détails techniques, assez nombreux pour laisser croire qu'une étude, précédée d'un sérieux débat entre les deux artistes rivaux, avait été consciencieusement faite; ce qui était absolument faux (1).

Cette part faite à l'architecte qu'il voulait remplacer, M. Lassus fit celle de l'entrepreneur qu'il voulait conserver, pour reprendre, sans interruption, la continuation des travaux et, de cette manière, éviter le risque dont il a subi les conséquences et, en tout cas, un retard préjudiciable à ses intérêts.

Il suffit, en effet, de lire le rapport avec quelque attention, pour bien apprécier quelles étaient alors les vues secrètes, mais assez mal cachées, de ce missionnaire hypocrite.

Comme je viens de le dire, ce qu'il voulait tout d'abord, c'était de se mettre à la place de M. Seheult, et c'est pour cela, qu'au point de vue de l'art et de la bonne conduite des travaux, il lui adresse une criti-

(1) Ce rapport que M. Lassus a essayé, par les plus mauvais moyens, de dérober à la connaissance du Conseil d'Etat, a été, comme on le verra, l'une de ses hontes et l'un de ses plus grands embarras dans l'instance devant cette assemblée.

que assez timide, il est vrai, mais en réalité très-malveillante; c'est pour cela encore, qu'en vue d'un intérêt tout personnel, qu'il croyait très-prochainement être le sien, il signale au ministre une prétendue erreur qu'aurait faite M. Seheult dans l'évaluation des travaux restant à exécuter pour l'entier achèvement du monument, qu'il porte, lui, Lassus, probablement après une vérification *bien consciencieuse*, à près de 30 % au-dessus de l'estimation de son confrère [1].

Personne ne peut s'y méprendre : supplanter son confrère, diriger les travaux, recueillir le fruit de ses veilles; voilà le but que poursuit M. Lassus et l'avenir qu'il se ménage.

Et ce n'est pas tout encore : en éloignant l'archi-

[1] On peut rapprocher, comme un fait très-curieux, les trois opinions *écrites* de M. Lassus sur les prix des travaux de la cathédrale, qui varient, suivant ses espérances, ses déceptions et ses colères, dans les proportions suivantes :

Dans son rapport du 26 avril 1848, alors qu'il venait pour remplacer M. Seheult, les prévisions de celui-ci, pour l'achèvement des travaux de la cathédrale, sont augmentées d'environ 30 %.

Dans son devis du 10 juin suivant, relatif à quelques travaux peu importants dits d'urgence, ses prix sont les mêmes que ceux de M. Seheult.

Dans son rapport du 14 avril 1849, alors que, repoussé par l'Evêché, par l'administration locale et par la voix publique, il a perdu tout espoir de réussite dans ses projets et ne rêve plus que vengeance, les prix, dont M. Seheult a fait emploi pour les travaux exécutés, sont abaissés de 40 %.

Si l'on rapproche cette dernière estimation, en moins de. .... 40 %.
de la première du 26 avril 1848, en plus de .... 30 %.

C'est tout juste une différence de................ 70 %.

Voilà dans toute sa vérité l'expertise *si juste, si modérée, si honnête* de M. Lassus, proclamée telle par lui-même et certifiée véritable par M. Durieu, au nom du ministre. C'est avec de pareils arguments qu'on a essayé d'attenter à l'honneur et à la fortune de deux de nos plus honorables concitoyens ! ! ! C'est à n'y pas croire.

tecte, il voulait conserver l'entrepreneur, et c'est pour cela qu'on lit dans le même rapport ces mots flatteurs à l'adresse de celui-ci, à savoir :

« Que les constructions élevées sont exécutées avec » soin, en bons matériaux, et que, sous le rapport de » la construction, *il n'avait à donner que des éloges.* » Ces expressions du rapport s'accordaient, au surplus, avec celles pleines de courtoisie, dont M. Lassus se servit dans ses rencontres avec M. Garreau. Ce qui affirme encore son intention bien arrêtée sur ce point, c'est qu'il n'ignorait pas la difficulté qu'on avait éprouvée pour trouver un entrepreneur à l'origine des travaux, celle que l'on pouvait rencontrer encore pour les continuer sans interruption et aussi avantageusement qu'avec M. Garreau, dont les preuves étaient faites, et qui avait à sa disposition des carrières, des chantiers parfaitement approvisionnés, et plus de 200 ouvriers dressés et spécialement employés aux travaux de la cathédrale. Il savait, d'ailleurs, comme je l'ai dit, qu'en cas de refus de M. Garreau, il aurait, quant à sa convoitise, un risque à courir, ou tout au moins la suspension des travaux à craindre, et peut-être un long ajournement à subir pour leur reprise.

M. Garreau, quoique pécuniairement fort intéressé à continuer les travaux sous la direction de M. Lassus, qui avait signalé à ce sujet et déjà fait reconnaître, par la prétendue commission diocésaine [1], la nécessité

[1] L'avis dont se prévalait ici M. Lassus, porte la date du 26 avril 1848 ; or, cette fameuse commission diocésaine n'a été créée et mise au monde que *le 16 décembre de la même année :* ce qui prouve, ô miracle ! qu'elle avait parlé huit mois avant sa naissance ! ! !

d'une forte augmentation de prix pour l'achèvement des travaux; M. Garreau, dis-je, n'avait point dissimulé son opinion sur l'iniquité de la mesure que l'on était sur le point de prendre contre M. Seheult, et déjà son refus de concours à M. Lassus était pressenti. Toutefois, il fallait s'en assurer par une mise en demeure, et, le 2 juin, M. Lassus, arrivé à Nantes, cette fois avec des pouvoirs sans limites, fait connaître, entre autres choses, que *l'entrepreneur Garreau aura à s'entendre avec lui*, au sujet de la nouvelle direction à imprimer aux travaux, et que, dans le cas où il n'accepterait pas les nouvelles conditions qui lui sont *strictement* imposées, M. Lassus est autorisé à organiser une régie au compte de l'Etat.

Dans cette situation, M. Garreau, mis en demeure de se prononcer, n'hésita pas à faire connaître qu'il ne pouvait s'empêcher, ainsi que tout le monde, de considérer comme une grande injustice le renvoi de M. Seheult, et qu'il se perdrait dans sa propre opinion et dans celle de ses concitoyens, s'il le quittait pour se rallier à son rival le plus passionné et seul auteur de cette criante injustice... *Indè iræ !*

De ce moment, et après ce premier échec de M. Lassus, commence, contre MM. Seheult et Garreau, une guerre à outrance, qui se poursuit, sans relâche et avec un acharnement sans exemple, jusqu'au 24 mai 1854, date de l'arrêt du Conseil d'Etat. Mais, avant de commencer l'attaque et pour en assurer le succès, il prie M. Seheult, sous le prétexte d'une vérification, de lui confier tous les décomptes, attachements et autres pièces en sa possession, ce que celui-ci fait, malheureusement, sans aucune méfiance et sans inventaire. Son acolyte, M. Leblond, se fait, en même temps et sous le même prétexte, remettre tous les papiers qui se trouvaient dans le cabinet du chantier de l'évêché, affecté au dépôt des plans d'exécution et des écritures courantes de l'entrepreneur et de ses agents.

Ainsi, on commence par désarmer l'adversaire qu'on s'apprête à combattre; on espère le vaincre, sans qu'il puisse se défendre. C'est plus qu'une déclaration de guerre, c'est plus que la guerre elle-même; c'est le prélude d'un assassinat juridique, auquel on se prépare avec les circonstances aggravantes d'une honteuse et coupable préméditation.

Cela fait, M. Lassus, par sa lettre du 9 juin, six jours après son arrivée à Nantes, donne à M. Seheult l'ordre d'exécuter le remblai des fondations de l'abside, et, sous la date du 10 juin, il dresse un devis des travaux *les plus urgents*, dit-il, où se trouve articulée cette opération de remblai, ainsi que l'établissement d'un gros mur de clôture.

Il est de toute évidence que cet ordre, donné par M. Lassus à M. Seheult d'un ton si impérieux et si arrogant, n'avait pas d'autre but que de déterminer sa démission, soit qu'elle vînt spontanément de lui-même, soit qu'elle lui fût imposée par suite d'infraction aux ordres du ministre, que M. Lassus avait mission de représenter. Il savait bien que M. Seheult ne consentirait jamais à détruire de ses propres mains la plus belle partie de l'œuvre qu'il avait commencée;

car, en le faisant, il aurait, du même coup, sacrifié les intérêts du trésor, ceux de la cathédrale, et ce qu'il appréciait avant toutes choses, sa réputation et son honneur.

Ce mouvement de recul, sur un terrain si laborieusement conquis dans l'intérêt de l'édifice, prouve de quels sentiments M. Lassus était animé contre ceux qu'il voulait combattre, coûte que coûte, et sans plus de respect pour l'intérêt de la cathédrale que pour celui de l'Etat.

Néanmoins, M. Lassus, persistant dans son coupable projet, réitère, par sa lettre, datée de Paris du 18 juin, à M. Scheult, l'ordre qu'il lui a précédemment donné par celle du 9 du même mois, pour le remblai des fondations de l'abside. Le 12 juillet suivant, le ministre écrit au préfet qu'il approuve le devis du 10 juin, qui, dit-il, n'a paru devoir fournir matière à aucune observation, et, qu'en conséquence, le préfet est autorisé à donner des ordres pour l'*exécution immédiate* des ouvrages, c'est-à-dire tout d'abord du remblai des fondations de l'abside.

Comme preuve de l'omnipotence de M. Lassus et du peu de cas qu'il faisait de l'autorisation du ministre, qu'il trompait d'accord avec M. Durieu, il faut remarquer que l'ordre par lui donné à M. Scheult de faire exécuter le remblai des fondations de l'abside, date du 9 juin, que le devis, confirmant cét ordre, est du lendemain 10, que la lettre qui le réitère, est du *18* du même mois, et que l'approbation du ministre est du *12 juillet !*

Ce projet une fois connu, un cri de réprobation s'élève de toutes parts : l'Evêché, le maire et toutes les autorités en sont vivement émues, et M. Marius Rampal, alors préfet, qui avait été le premier à le condamner, se fait l'organe de toutes ces plaintes, ainsi qu'on le voit par sa lettre du 25 juillet au ministre, dans laquelle on lit que « l'examen du devis qu'il » s'agit de mettre à exécution ne lui a pas paru pou- » voir démontrer que le travail ait été étudié dans » l'intérêt du Trésor ; que les fondations de l'abside » sont en grande partie exécutées ; que ce travail, » d'une structure grandiose, mérite d'être conservé » plutôt que d'être dérobé à la vue ; que rien ne mo- » tive son ensablement ; qu'en laissant les choses » dans l'état, on obtiendra l'assentiment de tout hom- » me raisonnable, et que l'on évitera le cri de répro- » bation que susciterait l'enfouissement de travaux » exécutés *avec le plus grand soin.* »

Après cette imposante opposition, l'esprit le plus rétif dut se rendre, et c'est ce que fit M. Lassus lui-même, en déclarant qu'il ne mettait aucun obstacle au vœu qui était exprimé (voir la lettre de M. le grand vicaire du 5 août). En conséquence, la continuation des travaux de l'abside fut autorisée par lettre ministérielle du 7 septembre ; mais on va voir à quelle condition et sous quelles réserves.

On le comprend, ce second échec dut singulièrement aigrir l'esprit déjà très-irrité de M. Lassus, et on dut aussi s'attendre que le sentiment de haine et de vengeance, qu'il fut alors contraint de dissimuler, ne tarderait pas à éclater dans toute sa force.

En effet, par un second rapport, en date du 2 août 1848, M. Lassus continue avec plus d'aigreur ses premières attaques. Sans entrer dans le détail des reproches, aussi injustes qu'inconvenants, à l'adresse de l'architecte et de l'entrepreneur, et dans les faits contradictoires qu'il énonce, il est nécessaire de citer quelques passages de ce rapport, pour en faire ressortir la moralité à deux points de vue :

M. Lassus déclare au ministre : 1° qu'il lui a été possible de reconnaître d'une manière complète la marche suivie dans toute cette affaire, *par la vérification des attachements* faite sur place.

2° Qu'il a déjà signalé antérieurement, c'est-à-dire *par son rapport du 26 avril 1848, l'état des travaux.*

On verra plus tard (rapport du 23 mars 1849) la reconnaissance plus explicite encore de ce rapport du 26 avril, qu'il crut devoir supprimer pour le besoin de son accusation contre MM. Scheult et Garreau; — et plus loin, comment M. Lassus a eu la pensée, si fatale pour lui, de changer l'ordre des numéros de ses rapports et de donner à celui du 2 août 1848 le n° 1 au lieu du n° 2, pour anéantir et faire oublier celui du 26 avril, même année, avec lequel il était en contradiction; — comment enfin il a été sévèrement châtié de cette aveugle témérité.

Il est également nécessaire de mentionner ici, à cause de son importance, la lettre de M. Emile Leblond à M. Lassus, datée de Paris du 7 août, cinq jours après le dernier rapport du 2 du même mois dont je viens de parler, lettre déposée par celui-ci, le lendemain 8, au ministère; et dans laquelle, après avoir longuement énuméré ce qui s'est passé pendant leur séjour à Nantes, comme preuve de leur impartialité et même de leurs égards envers MM. Seheult et Garreau, on lit, entre autres choses bonnes à noter, le paragraphe que voici : « M. Seheult mit avec empresse- » ment à notre disposition toutes les pièces qu'il pou- » vait avoir, disait-il, et effectivement il nous fit re- » mettre une *quantité considérable de papiers, mé- » moires, dessins, etc.* »

Que sont devenues ces pièces tant de fois et inutilement réclamées, et qui, sans aucun doute, auraient été remises, si la grande sévérité de principes dont on fait étalage dans cette lettre, avait été observée ?

Disons-le tout de suite et sans maintenir ici l'ordre des dates.

Ce qu'elles sont devenues, les détenteurs n'en ont jamais voulu rien dire ; mais ce qu'il y a de certain, c'est que le fait de leur enlèvement se trouve constaté par les preuves les plus irrécusables et, surabondamment, par trois interpellations juridiques.

La première, en date de Paris du 9 mai 1853, signifiée par l'huissier Bourdon à M. Lassus lui-même, somme celui-ci de déclarer immédiatement :

« 1° S'il n'est pas vrai que MM. Lassus et Leblond » ont reçu de M. Seheult, à Nantes, une quantité con- » sidérable de papiers relatifs aux travaux exécutés » à la cathédrale de Nantes; 2° si M. Leblond n'a pas » particulièrement emporté des cahiers trouvés dans » le bureau du chantier. »

A cette sommation si nette et si catégorique, M. Las-

sus répond « qu'ayant complétement terminé ses opé-
» rations d'expertise, *il n'a plus aucune pièce dans*
» *les mains*, et que le second chef de la sommation
» lui étant étranger, il se trouve dans l'impossibilité
» matérielle d'y répondre. »

La seconde, en date du 25 janvier 1854, signifiée par l'huissier Kail à Pouponneau, demeurant à Saint-Nazaire, somme celui-ci de déclarer :

« S'il ne se rappelle pas que M. Emile Leblond vi-
» sitait, en juin 1848, la cathédrale de Nantes, et
» s'il n'entra pas dans le cabinet du chantier qui était
» ouvert, et, si, voyant sur le bureau des feuilles
» dites attachements figurés, il ne demanda pas à les
» voir; si, après en avoir examiné quelques-unes, il
» n'invita pas le sieur Pouponneau, qui était appa-
» reilleur sur le chantier, à les lui confier, ajoutant
» qu'il les lui rendrait avant de quitter Nantes; si,
» sur cette promesse, le sieur Pouponneau ne crut
» pas pouvoir, sans en parler à M. Garreau, remet-
» tre à M. Emile Leblond quelques-unes de ces feuilles
» qui étaient dans le bureau. »

M. Pouponneau a répondu « qu'effectivement il à
» confié à M. Leblond, sur sa promesse de les remet-
» tre avant de partir, quelques feuilles d'attache-
» ments qui se trouvaient dans le bureau; que quel-
» ques jours après, voyant que M. Leblond ne lui re-
» mettait pas les feuilles qu'il lui avait confiées sur
» sa promesse de les rendre, il les lui avait réclamées;
» que M. Leblond lui avait de nouveau promis de les
» rendre, *mais qu'il ne les a pas rendues.* »

La troisième, enfin, en date du 25 janvier 1854, signifiée par l'huissier Kail à Pierre Béal, commissionnaire, demeurant à Nantes, somme celui-ci de déclarer :

« S'il ne se rappelle pas avoir été appelé, dans l'un » des premiers mois qui ont suivi la Révolution de » février 1848, au domicile de M. Seheult, architecte, » demeurant à Nantes, rue des Arts, 31, et avoir » emporté de chez cet architecte deux pleines balles » de papiers, dont chaque balle, d'environ un mètre » de longueur, formait la charge d'un homme, et s'il » n'a pas porté ces deux charges à l'Hôtel-de-France, » place Graslin, où était descendu M. Lassus, archi- » tecte, venu de Paris pour visiter la cathédrale. »

Le sieur Béal a répondu « qu'il se rappelle parfai- » tement avoir pris chez M. Seheult, en dix-huit » cent quarante-huit, deux balles de papiers de la » longueur et du poids qui sont indiqués ci-dessus, » et les avoir portées à l'Hôtel-de-France, *où il les a* » *remises à deux messieurs* qui s'y trouvaient. »

En faut-il davantage pour prouver cet enlèvement des papiers que nous avons signalé chez M. Seheult, dans le but de lui ôter tout moyen de se défendre contre ses adversaires ?

Après cette digression, en quelque sorte obligée pour affirmer l'un des points les plus importants du débat, je reviens à ma narration.

Nous avons vu que le ministre, par sa lettre du 12 juillet au préfet, approuve, sans aucune réserve, le devis du 10 juin, et en ordonne l'exécution immédiate.

Ici la manœuvre change, et je vais en expliquer la raison.

Le 7 septembre, le ministre mande au préfet que les prix, portés au devis de 120,000 fr. par lui approuvé le 12 juillet, viennent de lui être signalés comme étant exagérés, et qu'en conséquence, il ne peut l'approuver que *sous toutes réserves de nouvelles évaluations à faire.*

Et pourquoi ce devis, dressé par M. Lassus lui-même le 10 juin, *approuvé* le 12 juillet par le ministre, qui déclare qu'*après examen,* il n'a paru devoir fournir matière *à aucune observation*, et qu'en conséquence, le préfet est autorisé à donner des ordres pour *l'exécution immédiate* des travaux qui s'y trouvent énumérés; pourquoi ce malheureux devis, à peine éclos, est-il condamné à mort? — Parce qu'il portait au front une tache originelle, dérangeant les combinaisons actuelles de celui qui l'avait enfanté, à un autre point de vue, pour les besoins du moment; enfin, parce qu'il consacrait, en les adoptant, la justesse et la moralité des calculs qui avaient présidé à l'établissement des prix antérieurement fixés par M. Seheult, et que M. Lassus avait résolu d'attaquer celui-ci, pour se venger du double échec qu'il venait d'éprouver et qui lui enlevait, désormais, tout espoir de réussite dans ses prétentions personnelles.

Il est de toute évidence que cette tactique d'insigne mauvaise foi tentée par M. Lassus en désespoir de cause, ne pouvait avoir aucune chance de réussite, en présence de son devis du 10 juin, qui admettait les chiffres de M. Scheult, et moins encore de son rapport au ministre du 26 avril, qui les trouvait trop bas et les augmentait de près de 30 %. Il y avait donc nécessité de sacrifier l'un et l'autre à l'œuvre de vengeance qu'il méditait, dans son rapport précité du 2 août, vrai chef-d'œuvre d'inconséquence, de mauvaise foi et de mauvais goût.

Malgré toutes les chicanes de M. Lassus, MM. Scheult et Garreau, vivement appuyés par l'autorité locale, et sollicités par l'Evêché de ne pas discontinuer les travaux, surtout dans la crainte de compromettre l'abside, qu'il fallait, comme ils le disaient, *sauver des mains des Vandales ;* MM. Scheult et Garreau continuèrent les travaux, en affrontant les prescriptions et les colères de M. Lassus qui grandissaient en raison de leur résistance.

Enfin, cette année 1848, qui faisait pressentir bien des orages, se termine par un décompte général, arrêté au 31 décembre, des travaux exécutés, jusque-là par M. Garreau, et montant à plus de 156,000 fr.

Après cette première étape de la triste campagne commencée en 1848 contre les architectes diocésains, il est aisé de voir, en récapitulant les faits que je viens d'énumérer, que les travaux de notre cathédrale, qui, en raison de leur importance, ne pouvaient échapper aux convoitises d'architectes rivaux, furent, comme je l'ai dit, l'objet tout spécial de celles de M. Lassus.

Autrement, comment expliquerait-on son empressement à venir à Nantes le *six avril*, le jour même où y arrivaient les fonds destinés à la continuation des travaux? Comment expliquerait-on ce rapport du 26 du même mois contre l'architecte, qu'évidemment il veut expulser, et favorable à l'entrepreneur, qu'il a le plus grand intérêt à ménager pour la reprise immédiate des travaux? — Comment expliquer encore cette appréciation des dépenses restant à faire, augmentant de 30 % les prévisions chiffrées dans les devis de M. Seheult, si ce n'est en vue d'en tirer un avantage personnel? — A quelle fin ce nouveau voyage de M. Lassus à Nantes, du 2 juin, cette fois avec des pouvoirs illimités qu'il se fait octroyer, si ce n'est dans le but de déterminer la retraite de son confrère par un coup d'autorité, et de mettre M. Garreau en demeure d'accepter la continuation des travaux sous sa direction? — Pourquoi, après le refus péremptoire de celui-ci, ce rapt des papiers fait chez M. Seheult et au cabinet de l'évêché, suivi de l'ordre si impérieux d'ensabler les fondations de l'abside? — Pourquoi cet étrange rapport du 2 août, dans lequel éclate l'expression de la colère de M. Lassus contre l'architecte et l'entrepreneur, sans distinction? Pourquoi tous ces tristes et détestables moyens, si ce n'est pour se venger de leur résistance et de ses désappointements? — Comment, enfin, expliquer ces singuliers contrastes d'éloges et de critiques, de colère et de prévenances hypocrites, qui, tour à tour, se succèdent dans les deux périodes si distinctes de cette première année du débat, autrement que par la différence qui existe entre l'espoir et le dépit, entre le rêve et l'action?

Nous allons voir, en poursuivant notre marche, à quels excès, à quels vertiges et à quels désastres, peut nous conduire l'esprit de haine et de vengeance, surexcité par une ambition rivale trompée dans ses coupables espérances, et secondé par une volonté arbitraire sans limite et sans frein. Nous n'en sommes encore qu'au premier coup de feu dans cette nouvelle stratégie de M. Lassus, dont le dernier rapport du 2 août a été le premier signal.

---

§ II. — 1849.

Bruit de la destitution de M. Seheult. — Ignoble feinte de soupçon de M. Emile Leblond contre M. Seheult. — Réponse énergique et très-digne de M. Seheult. — Arrivée à Nantes de M. Eugène Leblond, sous prétexte d'une nouvelle vérification des travaux de la cathédrale. — M. Seheult signale au préfet le ridicule de cette prétendue vérification, évidemment faite dans un but hostile. — Troisième rapport de M. Lassus au ministre (23 mars 1849). — Injures grossières, inconséquences, étourderies et contradictions. — Rapport de M. Emile Leblond, annexé à l'*Avis définitif* de M. Lassus. — Il le contredit sur un point important et fait un aveu imprudent et significatif, à leur commun désavantage. — Quatrième et dernier rapport de M. Lassus, intitulé *Avis définitif*. — Mensonges, contradictions, inepties, indiscrétions, inqualifiable étourderie, ridicules exagérations, singulières conclusions, rien n'y manque. — M. Seheult, par trois rapports consécutifs (24 avril, 16 mai et 24 juin), repousse avec indignation, mais toujours avec convenance et mesure, les grossières calomnies dont M. Garreau et lui sont le point de mire. — MM. Lassus et Durieu paraissent inquiets et surpris de la réfutation, à la fois si ferme, si précise et si péremptoire, de leur adversaire qu'ils croyaient avoir complétement désarmé. — Sous le

coup de cette préoccupation, M. Durieu écrit à M. Seheult pour lui réclamer, sous un faux prétexte, les décomptes annuels des travaux. — A quoi M. Seheult répond, en indiquant les dates précises auxquelles ces décomptes ont été expédiés par le préfet au ministre. — Destitution de M. Seheult, obtenue par un incroyable tour de passe-passe. — Influence de cette destitution sur la situation de M. Garreau. — M. Garreau fait signifier au ministre sa demande en remboursement de 156,384 fr. — Lettre importante et énergique de M. Garreau au ministre. — Pourvoi de M. Garreau devant le conseil de préfecture (29 décembre 1849).

J'ai fait connaître les faits et mis en lumière les intentions des adversaires de MM. Seheult et Garreau dans le courant de l'année 1848; ils ne sont qu'une sorte de préface à ceux qui vont se révéler dans celle de 1849. Ce rapport du 2 août, point de départ de la première attaque contre M. Garreau, n'est encore, comme on le verra, qu'une allumette destinée à mettre le feu à sa maison.

J'ai dit que M. Garreau se trouvait, à la révolution de 1848, en avance de plus de 156,000 fr., dont la majeure partie dut être empruntée par lui dans ce moment de tourmente où presque tous les crédits étaient fermés, ce qui ne l'empêchait pas de continuer les travaux à ses risques et périls, pressé qu'il était par l'Evêché et l'administration de pousser activement ceux de l'abside, pour la mettre à l'abri de toute attaque nouvelle.

Au commencement de cette année, le bruit, déjà répandu, de la destitution de M. Seheult, acquiert plus de consistance. Parmi ceux qui avaient pu le juger par sa probité et par ses œuvres, les uns la regardent comme impossible, les autres, plus clairvoyants, la redoutent; tous protestent. Mgr l'Evêque, ainsi qu'on le voit par sa lettre au préfet, réclame avec une grande énergie contre ce qu'il nomme *la disgrâce imméritée* dont est menacé cet habile et consciencieux architecte.

Ce bruit précurseur était le signal d'une attaque plus violente, qui se préparait dans l'ombre contre l'architecte et l'entrepreneur, et dont le contre-coup devait atteindre, en même temps, tous ceux qui les avaient soutenus contre les insinuations si malveillantes dont ils avaient été l'objet.

En effet, M. Emile Leblond, calomniateur subalterne aux ordres de M. Lassus, le même qui, avec lui, s'était fait remettre, par un abus de confiance inqualifiable, tous les décomptes, attachements et autres pièces dont l'architecte de la cathédrale était en possession, M. Leblond, sous la date du 20 février, écrit à M. Seheult pour lui demander des explications sur l'emploi, qui ne paraît pas justifié, dit-il, de divers matériaux provenant de démolitions, en ajoutant, avec l'accent du soupçon le plus injurieux : *c'est grave !*

A quoi M. Seheult répond, avec cette sûreté de conscience qui le place au-dessus d'une aussi basse calomnie, « que les explications demandées sont données à l'avance dans le décompte général des travaux exécutés de 1839 à 1844, et qu'en l'absence de ce décompte et des décomptes annuels qu'il a confiés avec beaucoup d'autres pièces, à lui, M. Leblond, et à M. Lassus, il lui est impossible de répondre, aussi explicitement que cela serait nécessaire, en présence de droits attaqués et de probités suspectées; mais qu'il pense qu'après un examen si facile à faire, on regrettera des soupçons aussi injurieux que mal fondés; consacrés par cette expression trop affirmative, *c'est grave ! écrite après coup, d'une autre écriture et d'une autre encre* [1]. Qu'au surplus, et quoi qu'il arrive, il peut parfaitement regarder en face et les accusateurs et les complices; que tout ce qui leur semblera douteux ou impossible, sera parfaitement démontré, prouvé; que justice sera faite, et que, honoré jusqu'à ce jour, il restera honoré. »

Tel fut le premier coup porté à l'homme honnête et trop confiant que l'on avait désarmé; d'autres ne se feront point attendre : on les prévoit à l'avance par les manœuvres qui les préparent.

En effet, le frère de M. Emile Leblond, — dont le départ de Paris avait été annoncé quelques jours avant, par M. Lassus à M. Scheult, qui était invité à lui fournir tous les renseignements dont il pourrait avoir besoin, — M. Eugène Leblond arrive à Nantes dans les premiers jours de mars, avec mission de procéder à une nouvelle vérification des travaux de la cathédrale. Mais ce qui prouve que cette invitation à M. Seheult d'aider M. Leblond, n'était que de pure forme, et que cette vérification n'était pas sérieuse, c'est que M. Leblond, sans avoir vu ni M. Seheult, ni l'entrepreneur, ni même le préfet, auprès duquel il était accrédité, se rend à la cathédrale pour faire

(1) Très-probablement par M. Lassus, patron de M. Leblond.

ce semblant de vérification, seulement accompagné du maître charpentier, qui la traite de dérisoire.

M. Seheult crut devoir informer M. le préfet de cette singulière façon de procéder; ce qu'il fit par sa lettre du 17 mars, où il le prévient « que M. Eugène Leblond s'est présenté, le lundi 5 mars, sur les travaux de la cathédrale, sans se croire obligé de lui en donner avis; que le mardi 6 et le mercredi 7, il en fait autant, qu'enfin le jeudi 8, il est parti pour Paris; qu'il croit, en conséquence, devoir, en le signalant, protester contre cet examen, vraiment dérisoire, fait dans l'absence de l'architecte et de l'entrepreneur, et très-évidemment dans un but qui leur est tout à fait hostile. » Ce qui le prouve, c'est le grand bruit que va faire M. Lassus de cette prétendue vérification, dans son rapport au ministre, du 23 mars, dont elle n'est en réalité que l'avant-propos.

Dans ce rapport, — auquel on a donné le nº 2, encore bien qu'il fût le troisième dans la série de ceux de M. Lassus, et qui est un chef-d'œuvre d'astuce et de perfidie, dont il est difficile de se faire une idée sans le lire dans son entier, — on s'attache à démontrer au ministre les fautes commises par l'architecte, soit par incapacité, soit par négligence, soit par trop grande confiance dans l'entrepreneur, voire même par une coupable entente avec celui-ci.

Cette attaque contre l'architecte est aussitôt suivie de celle, tout aussi perfide et mensongère, contre l'entrepreneur; et, pour en appuyer l'exactitude et la vérité, M. Lassus fait très-emphatiquement ressortir le temps et les soins qu'il lui a fallu, ainsi qu'à ses agents, pour découvrir et constater, d'une part, les malfaçons dans le travail matériel, d'autre part, les fraudes évidentes dans les règlements de comptes.

Il faut le reconnaître, M. Lassus a dû, en effet, consacrer bien des jours et des nuits à cette œuvre d'iniquité, pour la présenter au ministre avec une certaine apparence de vérité et sous un jour favorable à ses ressentiments personnels.

Mais ici encore l'auteur, en se contredisant lui-même (voir son rapport du 26 avril 1848), laisse échapper de sa plume bien des indiscrétions compromettantes, qui, signalées plus tard au Conseil d'Etat, ont été, tout aussitôt, saisies et relevées en termes et en sommations faits pour effrayer et dégoûter à jamais l'imposteur le plus éhonté de toute pratique de méchanceté et de mensonge.

Ainsi M. Lassus, dans le second et troisième paragraphe de ce troisième rapport, voulant effacer les expressions de son premier rapport du 26 avril 1848, tout à fait contraire à ce qu'il énonce ici, *le rappelle sans le vouloir*, sans penser que, pour faire croire à la vérité de celui-ci, il faudra nécessairement qu'il dérobe celui-là à la connaissance du ministre, qu'il trompe, et du Conseil d'Etat, que plus tard il voudra tromper [1].

[1] Cette fraude a été pratiquée au moyen d'un escamotage à la manière de Robert Houdin. On a tout simplement escamoté, comme une muscade, le rapport du 26 avril 1848, coté n° 1, en donnant ce premier numéro au numéro 2, — le n° 2 au n° 3 et ce dernier au n° 4. — La farce ainsi jouée, on verra plus tard comment elle a été déjouée et sévèrement punie.

J'ai déjà dit que cette fraude inqualifiable a été l'une des plus grandes hontes de M. Lassus et son plus cruel embarras; la discussion devant le Conseil d'Etat, en la stigmatisant, la fera connaître dans toute sa vilenie.

Autre indiscrétion : M. Lassus, afin d'appuyer les calculs auxquels il a dû se livrer, dit-il, pour découvrir et constater *tant de manœuvres frauduleuses* de la part de ceux qu'il combat, mentionne deux fois le résultat des vérifications faites sur place, comparé *avec les attachements* dont, plus tard, on niera l'existence avec une impertubable mauvaise foi. Voici en quels termes il en parle à l'appui de ses griefs :

Les attachements constatent ce fait qui ne saurait être mis en doute, etc.

Ce fait, constaté par les attachements et dont aujourd'hui M. Lassus cherche à tirer parti contre ses adversaires, que va-t-il devenir en présence de la déclaration de son délégué, M. Leblond, de celle qu'il va bientôt faire lui-même, et qui sera encore reproduite dans le rapport de M. Durieu, « que les attachements, rigoureusement prescrits par les marchés, *n'ont jamais existé* » ? — Que va devenir cette guerre d'attachements, que MM. Lassus et Durieu, battus sur tous les autres points de l'attaque, ont entreprise, en désespoir de cause, et qui, comme tout le reste, a tourné à leur confusion ?

Le rapport qui précède, encore bien que M. Lassus en affirme l'exactitude rigoureuse au ministre, se trouve, par surcroît de précautions, appuyé de celui de son délégué, M. Emile Leblond, du 3 avril, intitulé : *Rapport de M. Leblond annexé à l'Avis définitif de M. Lassus*, auquel il va également servir de point d'appui.

Ce rapport, visé, annoté et signé par M. Lassus, répète, parfois en termes grossiers et toujours mal choisis, ceux contenus dans celui précité de son patron; il ne s'en éloigne complétement que sur un point essentiel, qu'il faut signaler en passant.

M. Lassus, comme on vient de le voir, reconnaît deux fois, de la manière la plus précise, qu'il a fait usage *des attachements*, et cette déclaration lui vient en aide pour appuyer les arguments de son attaque contre MM. Seheult et Garreau.

Mais voici que, dans un autre ordre d'idées, son délégué, dont il fait *son alter ego*, par les éloges qu'il lui prodigue dans l'affaire, vient, pour administrer la preuve que les prescriptions des marchés n'ont pas été observées, *nier de la manière la plus absolue l'existence des attachements*. Suivant lui, il n'y en a jamais eu : il le déclare dans trois paragraphes de son rapport, en termes précis et formels. Je n'en veux citer qu'un seul.

« Nous le répétons, dit M. Leblond, nulle part nous ne voyons *de traces des attachements.* » Ainsi, le 23 mars, M. Lassus *invoque les attachements*, à l'appui de ses vérifications sur place, et le 3 avril suivant, onze jours plus tard, M. Leblond *en nie l'existence*, à l'appui de sa vérification des décomptes !

« Toujours, par quelque endroit, fourbes se laissent prendre. »

Mais voici la grosse pièce de l'artifice : c'est le dernier coup de feu de M. Lassus. Après avoir rempli, comme il le dit au ministre, « un devoir consciencieux avec la plus grande modération, » il va se retirer sous sa tente, dont il ne sortira plus, même pour combattre les attaques personnelles trop justement méritées, voire même pour répondre aux sommations qu'on lui adresse.

Dans son dernier rapport du 14 avril, ayant pour titre *Avis définitif*, M. Lassus commence par dire que, pour accomplir l'importante mission dont il avait été chargé par le ministre, il a dû, avant tout, *examiner avec le plus grand soin et dans les plus minutieux détails*, les différentes parties des travaux exécutés depuis dix ans à la cathédrale de Nantes, et c'est, ajoute-t-il, ce qui a été fait *contradictoirement* avec M. l'architecte et l'entrepreneur.

Il y là, il faut bien le dire, deux gros mensonges, qui reçoivent un double démenti : 1° par le peu de jours qu'ont passés à Nantes M. Lassus et ses agents; 2° par la non-participation de l'architecte et de l'entrepreneur à plusieurs semblants de visite des travaux de la cathédrale, ainsi qu'à leur estimation (¹).

Quant à cette estimation, dit M. Lassus, il l'a faite

(¹) La vérité est que M. Garreau n'a assisté qu'une seule fois, au commencement de juin, avec MM. Lassus et Emile Leblond, pour procéder au métré des travaux exécutés; que ce métré, fait trop à la hâte pour être juste, fut, cependant, en grande partie reconnu exact par ces derniers, ainsi qu'on le voit par la lettre de M. Emile Leblond, en date du 7 août 1848; et que, plus tard, par résultat d'une contre-vérification, il s'est trouvé une erreur, signalée et admise par l'administration, au préjudice de l'entrepreneur, s'élevant à la somme de 13,087 fr. 57, qui lui a été remboursée après nouvelle vérification.

en accordant constamment à l'entrepreneur *les prix les plus élevés* qu'il était possible d'admettre en sa faveur, et, de cette manière, *il a considérablement amélioré sa position!* Sans cette concession toute bénévole, ajoute-t-il, et dont, pourtant, il propose l'acceptation au ministre, la réduction des comptes *serait encore bien plus importante!*

Ailleurs, il affirme que, malgré la tolérance et, il peut le dire, la *générosité* qui ont constamment présidé au règlement, il reste, cependant, prouvé que la réduction des sommes réclamées à l'entrepreneur s'élève à un chiffre considérable!

Voilà ce que M. Lassus dit; mais ce qu'il ne voulait pas dire et ce qui, étourdiment, lui échappe, c'est que, dans un passage de son rapport, il énonce ce fait :

« Que, malgré les prescriptions positives qu'il vient » de signaler, il n'existe aucune pièce envoyée depuis » le commencement des travaux jusqu'en 1845, ni » *métrés, ni décomptes, ni attachements écrits ou* » *figurés quelconques.* »

Puis, dans cet autre passage, qui termine son rapport au ministre, on lit ces mots imprudents et significatifs, dont je me garderai bien de priver l'adversaire :

« Enfin, monsieur le ministre, je joins à cet envoi » le gros registre contenant les *six premiers dé-* » *comptes, tous les attachements écrits et figurés,* » *les états mensuels et toutes les pièces officielles* du » dossier qui m'avait été communiqué. »

Ainsi, en rapprochant ces deux passages du rapport de M. Lassus, il en résulte *qu'il existe et n'existe pas* de comptes, d'attachements et autres pièces produites par l'architecte depuis le commencement des travaux de la cathédrale jusqu'en 1845.

Ici, il faut bien en convenir, l'odieux le dispute à l'absurde : auquel doit-on donner la palme ?

« Dans cette occasion, il faudrait, ce me semble,
» A mérite pareil, les accoupler ensemble. »

Quand une arme est trop ou mal chargée, elle éclate dans les mains du maladroit qui veut en faire usage : en voici la preuve.

Quel soufflet pour l'auteur de cet *Avis définitif*, quand il a vu prouver, par le plus simple calcul, au Conseil d'Etat, qui l'a reconnu, que, si son règlement *si libéral* était admis, non-seulement l'entrepreneur perdrait une notable partie du prix de ses matériaux, mais qu'il ne lui resterait rien, absolument rien, pour leur mise en œuvre, ni pour le salaire de ses ouvriers !... Quel soufflet bien plus flétrissant encore, quand il verra le ministre, par suite d'une contre-vérification des comptes, reconnaître cette vérité et s'empresser de rechercher le moyen de remédier au préjudice *si regrettable*, selon son expression, que l'on a porté, en trompant sa religion et celle de ses prédécesseurs, à l'architecte et à l'entrepreneur de la cathédrale de Nantes ! ! Quel soufflet, quand il va voir que cet entrepreneur, créancier de l'Etat et qu'il voulait absolument constituer son débiteur, sera crédité, par suite de cette contre-vérification, non-seulement pour le capital qu'il réclamait, mais encore pour une somme de 33,236 fr. 93 de plus, résultant, d'une part, d'une réclamation faite antérieurement à la révolution de 1848, et, d'autre part, pour erreurs dans l'application de quelques prix, erreurs que M. Seheult avait indiquées et que le ministre a reconnues de toute justice.

Mais n'anticipons pas : chaque chose, avec sa preuve, viendra dans son temps et à sa place, dans le cours de ce récit.

Après les épithètes les plus blessantes, mêlées aux phrases les plus mal sonnantes, M. Lassus termine son volumineux factum, dont je ne fais ici qu'indiquer les principaux traits, par les conclusions que voici :

« Les traités, passés entre l'Etat et l'entrepreneur, » depuis l'origine des travaux, ayant été surpris à la » religion des ministres et du Conseil des bâtiments » civils, doivent être considérés comme nuls et non » avenus.

» Il doit en être ainsi de tous les comptes, pro- » comptes et décomptes, réglés *frauduleusement* en » vertu de ces traités, par suite de *prévarication* de » la part de l'architecte et de *bénéfices illicites* faits » par l'entrepreneur.

» Enfin, le règlement définitif de cette affaire devra être fait sur de nouvelles bases » — en prenant, bien entendu, celles indiquées par M. Lassus dans son *Avis définitif*.

Ainsi, M. Lassus, parti de Paris pour Nantes le 6 avril 1848, avec la simple mission du ministre d'examiner les travaux en cours d'exécution à la cathédrale de Nantes et de lui en rendre compte, est un an plus tard, le 14 avril 1849, non-seulement l'expert qui prend ses mesures, et le vérificateur qui fait ses chiffres, mais il est encore, et tout à la fois, le ministère public qui requiert, et le magistrat qui juge!..., qui juge et qui condamne l'entrepreneur... par dépit de n'avoir pu remplacer l'architecte!!

Cela dit, comment penser qu'un directeur général des cultes, après avoir glorifié, au double point de vue du talent et de la *plus sévère probité*, l'auteur d'une œuvre aussi coupable, puisse, après l'avoir revue, corrigée, et même augmentée, s'en faire l'éditeur responsable?

N'est-ce pas le cas de répéter ici la phrase qu'on trouve dans son rapport au ministre : « Qu'un pareil trait qualifie toute une affaire. » J'ajoute qu'il fait mieux : il qualifie l'homme.

Ici va disparaître complétement de la scène M. Lassus; l'astre va s'éclipser ou plutôt se transformer, après avoir, comme il l'a dit, satisfait à un *devoir de conscience*, dans les diverses missions dont il a été chargé. Le caméléon va se blottir sous le manteau de son ministre qu'il a indignement trompé. Il n'écrira plus, et il prendra dans le monde, tantôt le rôle d'un homme indifférent et complétement désintéressé dans l'intrigue qu'il a ourdie, tantôt celui d'un esprit superbe qui se place au-dessus des petits mépris, tantôt enfin celui d'un philosophe persécuté.

A ces attaques violentes et d'insigne mauvaise foi, M. Seheult, par trois rapports consécutifs, des 24 avril,

16 mai et 24 juin, commence par repousser avec indignation, mais toujours avec convenance et mesure, les grossières calomnies dont M. Garreau et lui sont le point de mire. Il s'attache ensuite à prouver par des chiffres, et de la manière la plus concluante, ce que ses adversaires savaient bien, — puisqu'ils avaient en mains, non-seulement toutes les pièces justificatives qui sont ou doivent être dans les cartons du ministre, mais en outre celles qu'ils lui ont si honteusement dérobées à lui-même.—Il soutient et prouve: que les conventions arrêtées entre l'Etat et l'entrepreneur, ont toujours été respectées dans leurs moindres prescriptions par lui et M. Garreau; que les prix ont été très-régulièrement et très-modérément fixés, ainsi que cela résulte des tableaux qu'il présente, et des explications qui les accompagnent; que ce n'est qu'en dénaturant toutes choses, par les interprétations les plus mensongères et les plus coupables, qu'on cherche à jeter la confusion partout où la lumière existe, et à tromper ainsi la religion du ministre; enfin, que toute la combinaison de l'attaque repose sur cette coupable espérance de M. Lassus, qu'après son inqualifiable abus de confiance, il combattait un adversaire complétement désarmé et désormais hors d'état de se défendre.

Heureusement, il n'en était point ainsi. M. Garreau, qui avait eu l'intelligente précaution de conserver les copies *certifiées* de tous les décomptes, a pu suppléer, en même temps, à toutes les pièces, aussi bien à celles enlevées chez M. Seheult et à l'évêché, qu'à celles déposées au ministère et dont MM. Lassus et Durieu avaient seuls le droit de faire usage. C'est à l'aide de ces copies, c'est au moyen de cette réserve, à laquelle ces derniers étaient loin de s'attendre, que M. Seheult a pu réfuter victorieusement tous leurs arguments et tous leurs faux calculs.

M. Seheult, dans l'un de ses rapports, celui du 16 mai, rappelait une fois de plus que, sur la réclamation de MM. Leblond et Lassus, il leur remit sans inventaire, chose qu'ils n'ont jamais osé nier, toutes les pièces comptables qu'il possédait, et qu'en dépit des sommations qui leur ont été faites, ils n'ont jamais voulu rendre.

Au nombre de ces pièces, dont M. Seheult faisait ici mention, il signalait notamment *les attachements journaliers*, portant des numéros d'ordre indiqués avec de la peinture rouge sur les travaux, et présentant ainsi les métrés, formes et emplacements de toutes les fournitures.

Les explications, si franches et si nettes, de M. Seheult ne laissaient donc place à aucune objection sérieuse. Les faits et les chiffres étaient indiscutables et détruisaient, de fond en comble, en le vouant au dernier ridicule, tout l'échafaudage de l'attaque de M. Lassus, dont il ne pouvait plus rester un atome.

Mais à quelle adresse arrivaient ces explications?... A M. Durieu, directeur général des cultes. Par qui étaient-elles lues, appréciées et jugées?... par M. Durieu lui-même.

Toutefois, nous allons voir que ces trois rapports ne

furent pas sans causer à M. le directeur général une certaine inquiétude, et surtout une grande surprise. En effet, M. Lassus et lui, en les lisant, durent tout naturellement s'adresser cette question:

Comment se fait-il que M. Seheult, qui ne doit désormais avoir à sa disposition aucuns décomptes, aucuns renseignements, puisque nous les avons tous en mains, ait pu discuter, par des arguments et des chiffres, les arguments et les chiffres du rapport Lassus ? A quelle source a-t-il pu les puiser ?

C'est évidemment, sous le coup de cette préoccupation inquiétante, dont étaient saisis MM. Lassus et Durieu, que celui-ci, comme s'il n'avait pris aucune connaissance des trois rapports de M. Seheult, lui écrit, sous prétexte de quelques explications insignifiantes qu'il réclame dans le plus bref délai possible, et lui mande « que les renseignements qu'il a fait prendre dans ses bureaux, lui laissent supposer que les décomptes annuels, dressés depuis le commencement des travaux, n'avaient point été adressés à M. le ministre des cultes;» — mensonge d'autant plus absurde, que M. Lassus mentionnait la remise de ces décomptes dans son dernier rapport au ministre, et qu'il n'aurait pu, en leur absence, articuler et discuter aucun grief spécial contre l'architecte.

A quoi M. Seheult répond, par sa lettre du 20 août suivant, que « les recherches, faites dans les archives de la préfecture, prouvent que ces décomptes ont été successivement adressés au ministre, les 5 février 1840, 15 mars 1841, 31 mars 1842, 18 avril 1843, 27 janvier 1844 et 9 avril 1845. »

Rien de plus net, de plus précis ; mais, encore une fois, où M. Seheult avait-il pris ces décomptes et le décompte général, pour rédiger ses trois rapports au ministre en réfutation de ceux de M. Lassus ? La question était entière et restait à l'état d'énigme dans l'esprit de MM. Lassus et Durieu.

J'ai indiqué le lieu de ce précieux dépôt, où, fort heureusement, les furets de l'administration n'avaient pas pu pénétrer. Je viens de dire que le bureau du directeur général était le centre unique, où aboutissaient tous les renseignements, toutes les correspondances relatives à l'affaire de la cathédrale. Qui ne sait, d'ailleurs, que le service des cultes, qu'il soit annexé au ministère de la justice ou à celui de l'instruction publique, est entièrement sous la surveillance du directeur général, et que l'administration des édifices diocésains est, en réalité, une administration à part, dont ce directeur est le vrai ministre ? Ainsi, dans cette affaire, c'est lui, lui seul, qui reçoit les rapports de M. Lassus et de M. Seheult; en un mot, tous les renseignements et toutes les explications qui la concernent. Il voit tout, entend tout, dirige tout, apprécie tout... et juge.

Nous avons vu et nous verrons quel usage M. Durieu a fait et fera de son omnipotence ; et, si, comme cela est aisé, on prouve que cette omnipotence n'a servi qu'à tromper son ministre, ses avocats même, pour arriver au plus détestable but qu'on puisse se proposer d'atteindre, que dira-t-on de M. Durieu ? Probablement ce qu'en a dit le tribunal de commerce de la Seine et, plus tard, le verdict de la cour d'assises du même département. (Voir les jugements, dont plusieurs portant contrainte par corps, rendus dans le cours des années 1847, 1848 et 1849, et la *Gazette des Tribunaux*, dans laquelle on trouvera, sous la date du 10 décembre 1858, un verdict de la cour d'assises de la Seine portant condamnation d'un prévenu à vingt ans de travaux forcés, cent francs d'amende et à la dégradation de la légion d'honneur... *Ecce homo !*)

Mais passons.

Depuis le 20 août, date de la réponse de M. Seheult à M. Durieu, le silence se fait, et c'est probablement dans ce moment de mutisme, que se préparent les voies et moyens pour arriver, par un tour de surprise, à faire signer la destitution de M. Seheult, et le rapport fulminant qui la suit, et dont il va être parlé. Cette mesure était la conséquence inévitable et logique de la force de ses arguments ; l'ennemi qu'on avait désarmé se défendait encore : il fallait le tuer sur place pour en avoir raison.

En effet, cette destitution est signée le 30 octobre 1849, avec de nombreuses pièces, par un ministre intérimaire, à la veille de sa sortie du ministère et de l'entrée d'un nouveau ministre de l'instruction publique. Comme on le voit, le moment était assez bien choisi.

Cette nouvelle arriva à Nantes, et, on peut le dire, excita la surprise, en même temps qu'elle souleva l'indignation de tout le monde. Les tentatives, pour atteindre à ce but, avaient échoué jusque-là, et on espérait encore qu'il en serait ainsi; mais un implacable ennemi veillait, et il fallait s'attendre à tout.

Personne ne se dissimula que le coup, porté à M. Seheult, ne fût l'indice certain de celui qu'on avait résolu de porter à M. Garreau. Il n'y avait pas, en effet, à s'y méprendre; en l'isolant ainsi, en le réduisant à ses propres forces, on croyait lui ôter ou tout au moins paralyser une grande partie de ses moyens de défense, dans la terrible lutte qu'on lui préparait.

La situation de M. Garreau était alors des plus inquiétantes et des plus embarrassées : il lui était dû plus de 156,000 fr., que, non-seulement on lui reniait, mais qu'on avait l'impudence d'effacer sous le poids d'une réclamation beaucoup plus importante. Force avait été pour lui de recourir à des emprunts onéreux, pour payer une partie des matériaux d'approvisionnements et le salaire de ses ouvriers. Ces matériaux et plus de 200 ouvriers lui restaient sur les bras; ses carrières, ses chantiers, dans lesquels étaient ordinairement employés plus de six cents ouvriers et plus de vingt-cinq chevaux d'attelage, étaient restés inactifs; ses nombreux engins, ses frais de gardiennage venaient ajouter une perte d'intérêts considérable à celle qu'il subissait déjà par ses emprunts.

Telle était sa situation en face d'ennemis puissants, et d'autant plus acharnés qu'ils avaient juré sa perte, et la croyaient d'autant plus assurée qu'ils agissaient en l'absence du Conseil des bâtiments civils, en dehors de toute action de contrôle et sous l'égide d'un ministre indignement trompé.

Réduit à cette extrémité et ne recevant de l'administration, qui s'obstinait dans le mutisme le plus complet, aucune réponse à ses réclamations, il ne restait plus à M. Garreau que le moyen d'en sortir à tous risques et par la voie la plus courte.

C'est dans cette pensée que, le 23 novembre, il fit signifier à M. le ministre des cultes, en la personne de son représentant, M. le préfet de la Loire-Inférieure, avec toutes les pièces à l'appui, sa demande en remboursement de 156,384 fr., qui lui étaient dus avec les intérêts.

Cette assignation était accompagnée d'une lettre de M. Garreau au préfet, par laquelle il le priait, dans le besoin où il était de sortir, le plus promptement possible, de la situation critique où il se trouvait, d'adresser immédiatement au ministre la notification et les pièces; et, dans la crainte qu'elle ne demeurât, comme ses précédentes réclamations, sans réponse, il crut devoir faire insérer cette lettre dans un journal de la localité.

Cet envoi au préfet fut suivi d'une autre lettre adressée par M. Garreau à M. le ministre des cultes, sous la date du 1er décembre.

Cette lettre est à la fois trop importante et trop digne, pour que je me dispense de la reproduire tout entière :

« *A Monsieur le ministre de l'instruction publique et des cultes.*

» Monsieur le ministre,

» Vous êtes saisi de mes comptes, comme entrepreneur des travaux de la cathédrale de Nantes, et de tous les renseignements qui en prouvent le bien-être; vous avez entre les mains mon mémoire, les consultations qui appuient mon bon droit; les réponses de M. Seheult à un rapport que vous avez déjà pu apprécier en la forme et au fond. Vous pouvez, dès lors, prononcer en connaissance de cause sur la moralité, comme sur la légalité d'une affaire que de mauvaises passions cherchent à compliquer.

» Je redis ici ce que je n'ai cessé de dire, qu'au lieu d'accuser, on juge; qu'au lieu de me dénier la justice qui m'est due, on me la rende; qu'au lieu de me retenir une somme de plus de 156,000, on me la paie; qu'au lieu de priver mes nombreux ouvriers de travail, on exécute, pour que je puisse leur en donner.

» Ce langage, Monsieur le ministre, vous le comprendrez, et c'est parce que j'ai confiance, non-seulement dans votre impartialité, mais aussi dans votre fermeté, que je viens faire appel à votre droiture.

» Vous connaissez l'origine de la persécution dirigée contre l'architecte et l'entrepreneur de la cathédrale de Nantes; vous savez d'où datent et d'où partent les missions octroyées dans des jours de trouble et de confusion (en avril et juin 1848), à l'occasion des travaux de cette basilique. L'usage et, pour mieux dire, l'abus qui a été fait de ces missions si étranges, tant par elles-mêmes que par le choix du vérificateur, vous est connu. Les réponses, nettes, précises et sans répliques, faites à son inqualifiable travail, ne laissent rien à désirer. Une correspondance avec d'anciens préfets et des membres de l'Assemblée législative, correspondance remise longtemps auparavant à M. le directeur des cultes, auquel elle a été *vainement redemandée*, pour la mettre sous les yeux de votre prédécesseur, vous édifiera de plus en plus, si elle vous est représentée ([1]). L'opinion des jurisconsultes qui m'ont prêté l'appui de leur talent, les témoignages de MM. les préfets, évêques, maires de Nantes et des hommes les plus éminents, tant de cette grande cité que du département de la Loire-Inférieure; enfin, les lettres des représentants et de M. Gauja, préfet actuel, imprimées dans mon mémoire, ont certainement porté la lumière dans votre esprit et formé votre conviction sur les personnes et sur les choses. Rien ne doit donc s'opposer à ce que vous prononciez sur un débat, qui dure depuis longtemps et qui me cause un préjudice incalculable.

» Je dis : à ce que vous prononciez, Monsieur le ministre, et je le dis à dessein, car, d'après la prévention et les procédés de la direction actuelle des cultes à mon égard, vous ne voudrez ni me la laisser

([1]) Il en a été de cette correspondance comme des pièces confiées, à Nantes, par M. Scheult à MM. Lassus et Leblond; elle est restée dans le carton mystérieux de MM. Lassus et Durieu.

pour juge, ni lui abandonner le soin de m'en choisir dans la sphère de ses sympathies et de ses préférences. M. le directeur sera, sans aucun doute, le premier à comprendre que, s'étant déclaré ouvertement mon adversaire, il ne peut prononcer sur une affaire où se trouvent engagés ma fortune et mon honneur. La mesure, par laquelle il vient de frapper M. Seheult, doit vous prouver tout ce que j'aurais à en redouter.

» N'y avait-il donc rien de plus urgent, de plus opportun, de plus équitable à faire ce jour, 30 octobre, qu'un changement d'architecte ?

» N'y avait-il pas mes comptes à régler ?

» Qui est-ce qui s'opposait à leur règlement ?

» J'ai toujours sollicité une décision..., une décision quelconque; parce qu'enfin je trouverai quelque part des juges intègres, éclairés, consciencieux. J'en ai déjà un en vous, Monsieur le ministre, et j'aurai définitivement raison des calomnies qu'accréditent toutes les lenteurs, tous les retards qu'on me fait éprouver. Vous avez auprès de vous le Conseil et les inspecteurs des bâtiments civils, dont quelques-uns ont, à diverses reprises, visité les travaux. Il y a là un trésor de science et de talents, et je suis le premier à provoquer les investigations, pourvu qu'elles soient faites par des hommes non prévenus. Mais c'est à vous de décider dans le cercle de votre compétence, et la célérité dans un juge est une première justice que vous ne me refuserez pas.

» J'espère donc, Monsieur le ministre, que puisant vos inspirations aux véritables sources d'où la vérité peut jaillir, la réparation et la solution finale sollicitées de vous, viendront justifier les espérances que je mets dans votre haute sagesse; et dans cette confiance,

» J'ai l'honneur d'être avec respect, etc. »

Cette appréhension, manifestée par M. Garreau dans sa lettre au ministre, que la destitution si brutale de M. Seheult ne fût pour lui du plus triste augure, n'était que trop justement fondée. Je l'ai déjà dit, elle était évidemment le signe précurseur de toutes les tribulations qu'on lui préparait. Un tel abus d'autorité devait être suivi d'autres abus plus criants encore; car il était clair que, par cette mesure qui frappait l'architecte, on avait voulu, en même temps, exercer une pression calculée sur les juges qui, un jour ou l'autre, seraient appelés à rendre justice à l'entrepreneur; il était clair qu'elle tendait à jeter de la défaveur sur ses comptes, à établir un préjugé contre ses droits, à infirmer l'influence décisive qui résultait en sa faveur de l'approbation des règlements et des décisions qui fixaient sa position.

En effet, indépendamment de son intérêt pécuniaire, les conséquences morales des actes administratifs intervenus sur les propositions de l'architecte, l'identifiaient à M. Seheult, dont, au surplus, la solidarité l'honorait et l'abritait contre d'ignobles calomnies, de quelque part, de si bas ou de si haut, qu'elles partissent.

En prononçant la révocation de M. Seheult, on avait donc fait, non-seulement une grande injustice contre l'architecte, mais encore un acte très-agressif contre l'entrepreneur.

Cette mesure acerbe était un préjugé à la fois précipité, injuste et malveillant. Elle était évidemment ignorée du ministre, qui ne l'aurait ni prise, ni tolérée, s'il en avait connu les véritables causes : en s'inspirant de la vérité et du sentiment de justice le plus élémentaire, il ne lui serait pas venu à la pensée de mettre en suspicion, soit les parties, soit leurs droits, ni de signaler et de traiter comme des coupables ceux qui demandaient avec instance des juges.

Mais à peine le ministre était-il installé qu'on expédiait la dépêche annonçant que M. Seheult était destitué !... destitué sans motifs, sans raisons avouables et au mépris des plus simples convenances, parce que, préalablement à toute décision, on voulait flétrir tous les actes approuvés et ratifiés par l'ancienne administration auxquels il avait pris part.

C'est le 2 novembre 1849 que fut signée la lettre portant avis que la direction des travaux de la cathédrale de Nantes était enlevée à M. Seheult, qui, pendant près de dix ans, s'y était livré avec un zèle, un dévouement et un désintéressement auxquels toutes les autorités et la population nantaise rendaient un juste témoignage. Et pourquoi cette sévérité si peu d'accord avec les principes d'une administration libérale et impartiale ?

Sur quel fait s'était-on fondé ?

Le préfet fut-il consulté ?

Fit-on connaître au ministre les antécédents de l'homme que l'on frappait ainsi et par derrière ?

Non ! Le ministre ne fut point éclairé, et, s'il l'avait été, il n'aurait pas laissé expédier, le 2 novembre, une destitution qui, par la date même qu'on lui a donnée, *30 octobre*, porte le cachet de son origine et ne pouvait pas plus lui être attribuée qu'au ministre intérimaire.

A qui donc peut-elle être reprochée ? A deux hommes qui, de rapporteurs, de juges qu'ils étaient (car le ministre devait voir par leurs yeux), se sont érigés en adversaires ardents, et ont fait si bien qu'on a frappé, puni, destitué, avant que le ministre ait pu juger.

Ces deux hommes, dont les noms sont mêlés à toutes les mauvaises pratiques, à toutes les iniquités de ce triste débat, ne pouvaient être, on le voit bien, de ceux qui se consacrent au culte de la loi et de la justice ; l'un d'eux, comme nous l'avons vu, n'a pas pu même se défendre de la juste sévérité de leurs arrêts.

M. Garreau, ne recevant, à sa lettre au ministre de l'instruction publique, pas plus de réponse qu'à toutes les demandes qui l'avaient précédée, prit enfin le parti de se pourvoir devant le conseil de préfecture, à l'effet d'obtenir paiement des 156,384 fr., portés à son dernier décompte, et, en plus, de la somme de 14,002 fr., dont il avait fait réserve dans le décompte précédent. En fournissant les pièces à l'appui de sa demande, il établissait, avec un grand soin, la nomenclature de toutes celles que le ministre aurait à produire lui-même, pour éclairer, sur tous les points, la religion du conseil. Nous dirons, plus tard, comment cette obligation du ministre a été remplie. C'est encore là pour les adversaires de M. Garreau une partie honteuse du débat, que l'on ne saurait passer sous silence.

Comme on l'a vu, le rapport du 2 août 1848 est la continuation, en termes plus injurieux et plus tranchés, de l'attaque dirigée contre M. Scheult par celui du 26 avril; et ce qu'il faut remarquer, c'est le premier signe de colère à l'adresse de M. Garreau, qui, jusque-là, n'avait reçu que des éloges et des prévenances de M. Lassus. C'est donc le point de départ de toutes les combinaisons mises depuis en pratique, pour consommer, *per fas et nefas*, la ruine de l'un, et attenter à l'honneur des deux.

Pour arriver à ce double but, que venons-nous de voir? Tout d'abord, on répand à Nantes, au commencement de cette année 1849, le bruit de la révocation de M. Scheult, accompagné des insinuations les plus ignobles et les plus mensongères contre son honorabilité. On cherche, par des tracasseries inquisitoriales de toutes sortes et sans fin, des prétextes à l'appui des projets coupables que l'on médite contre l'architecte et l'entrepreneur; puis, à leur défaut, on entasse, à grand renfort de mensonges et de calomnies, de chiffres faux et de faux calculs, les accusations les plus absurdes qu'on puisse imaginer, dans trois rapports successifs remplis des plus choquantes contradictions, et où le mensonge est, parfois, si proche voisin du démenti, qu'il tombe dans le ridicule le plus grotesque. Enfin, on obtient, comme on l'a vu, par le subterfuge le plus inouï, la destitution de M. Seheult.

Ces rapports, dont M. Durieu va, comme nous l'expliquerons plus loin, se faire l'éditeur responsable sous le cachet du ministre dont il dispose à son gré, sont le dernier terme du crescendo de l'attaque de M. Lassus contre MM. Seheult et Garreau.

---

§ III. — 1850.

Procès-verbal de vérification des travaux exécutés à la cathédrale, par suite de la retraite de M. Garreau. — Son importance décisive contre ses adversaires. — Rapport de M. Durieu au ministre. — Il affirme sincères et véritables tous les faits énoncés dans les rapports de M. Lassus et son *incontestable moralité*. — Il reproduit ensuite les mêmes arguments, les mêmes calomnies, pour arriver aux mêmes conclusions. — Le rapport de M. Durieu est par lui soumis à l'appréciation d'un jurisconsulte, dont il veut avoir l'avis pour couvrir sa responsabilité. — Opinion dubitative de l'avocat. — Réponses de MM. Seheult et Garreau au rapport Durieu. — Requête de M. Garreau au conseil de préfecture, tendant à demander communication des pièces produites par l'État (11 octobre). — M. le préfet répond, le 21 du même mois, que le mémoire Durieu est *la seule pièce* qui, jusqu'à ce jour, ait été produite. — M. Garreau écrit à M. Billault, pour le prier d'intervenir auprès du ministre, afin que l'affaire soit mise en état d'être jugée. — Réponse de M. Billault. — M. Garreau fait assigner l'État, pour la conservation des intérêts des intérêts (3 décembre). — Lettre du ministre au préfet, datée du même jour.

— Cette lettre, par laquelle on cherche à motiver le retard dont se plaint M. Garreau, semble à la fois un refus péremptoire de communiquer les pièces demandées, une mise en demeure pour le conseil de préfecture de se prononcer *sans attendre;* et l'ordre impératif, et menaçant pour lui et le préfet, d'en finir le plus promptement possible *et sans autre avis.*

Nous avons vu que M. Garreau, mis en demeure, au mois de juin 1848, de continuer les travaux sous toute autre direction que celle de M. Seheult, avait déclaré, par des motifs très-honorables, qu'il n'y consentirait pas. La destitution de M. Seheult, ayant été officiellement annoncée à Nantes, le 2 novembre 1849, fut donc le signal de la retraite de M. Garreau.

Cela étant, le ministre, par sa dépêche du 12 novembre 1849, avait chargé M. le préfet de faire constater immédiatement, par un ingénieur et deux architectes, la situation des travaux exécutés par M. Garreau, au double point de vue de la restauration du monument et de la responsabilité de l'entrepreneur.

Cette vérification très-détaillée, faite avec le plus grand soin, ainsi que le constate le volumineux procès-verbal qui la contient, et, je n'ai pas besoin de le dire en présence de l'honorable signature de son rédacteur, aussi consciencieuse que précise, constate qu'après cet examen minutieux de tous les travaux, il ne s'est trouvé qu'*une seule fissure dans une seule pierre*, et encore, suivant les expressions du rédacteur, on pense que *c'est un fil de la pierre.*

Cette opinion, si nettement exprimée sur tout l'ensemble des travaux de la cathédrale, se trouve parfaitement d'accord avec celle de MM. les inspecteurs généraux des bâtiments civils qui, à diverses époques, les avaient visités; elle était aussi, comme je l'ai déjà dit, clairement énoncée par M. Lassus lui-même, dans son premier rapport du 26 avril 1848. Par conséquent, elle peut être considérée comme unanime, depuis que le Conseil d'Etat a fait revivre, dans toute sa force, le premier rapport que M. Lassus avait cru devoir enterrer, pour lui en substituer d'autres qui l'avaient singulièrement modifié.

MM. Seheult et Garreau étaient donc reconnus, sans conteste, intelligents et consciencieux exécuteurs des travaux confiés à leurs soins. Sur ce terrain, ordinairement le plus glissant pour l'entrepreneur qui veut tromper, l'attaque dut amener son pavillon; mais toutes ses ressources, comme on va le voir, étaient loin d'être épuisées.

Les rapports de M. Lassus, qui rendaient un compte si fidèle de ses impressions, suivant les temps et le mouvement de ses espérances, de ses déceptions et de ses colères, existaient, mais seulement à l'état de simples et *consciencieux renseignements*. Pour leur donner une autorité imposante et respectée, et les livrer ensuite à la publicité, il ne s'agissait plus que de les placer sous l'égide de la signature du ministre; mais, afin de couvrir la responsabilité ministérielle, il fallait tout d'abord faire un choix intelligent des moyens, dans tout ce bagage de faux calculs, de chiffres menteurs et de basses calomnies; il fallait surtout effacer les contradictions, les inconséquences et les incorrections de style, qui ne permettaient pas de les produire au grand jour. C'est ce que M. Durieu comprit à merveille, et exécuta avec un aplomb et une verve dignes des plus effrontés rhéteurs.

Dans son rapport au ministre, daté du 20 décembre 1849 et seulement notifié le 19 avril 1850, — rapport que l'on peut considérer comme un acte d'accusation, dans toutes les formes du plus acerbe réquisitoire, et qui désormais va servir de point d'appui à la plus incroyable attaque qui se puisse imaginer, — M. Durieu commence par affirmer *sincères et véritables* tous les faits énoncés dans les rapports de M. Lassus, et par conséquent la haute moralité de leur auteur ; ce qui dut d'autant moins l'embarrasser qu'il lui suffisait de la comparer à la sienne, puis de l'habiller en femme honnête pour la présenter à son ministre.

Ainsi, dit M. Durieu, les travaux et les comptes ont été examinés avec *la plus minutieuse attention, et surtout avec cette sévérité de principes et cet esprit de modération, de tolérance*, dont M. Lassus s'était fait un titre, et dont M. Durieu revendique en partie le mérite, en déclarant qu'il lui en avait fait un devoir. Après avoir accepté la solidarité des haines et des vengeances de M. Lassus, n'était-il pas tout naturel qu'il le glorifiât jusqu'à l'abus de l'hyperbole ?

Après ce *juste hommage* rendu à la probité, au savoir et au savoir-faire de l'architecte expert et de son délégué, M. Emile Leblond, M. le directeur général s'empresse d'adopter, sans y rien changer, les conclusions de M. Lassus, dans son rapport du 14 avril 1849, à savoir :

Que les traités passés entre l'administration et l'entrepreneur, ainsi que tous les règlements de comptes qui en ont été la suite, doivent être purement et simplement annulés, pour faire place à un nouveau règlement sur les bases indiquées par M. Lassus.

Repoussée avec perte sur tous les points, c'était désormais le seul refuge qu'eût l'attaque. N'ayant pas réussi à compromettre ses adversaires, sous le rapport de l'intelligente et bonne exécution des travaux, elle n'avait désormais d'autres ressources, que de chercher à prouver qu'ils avaient enfreint les prescriptions de leurs marchés, dans le but coupable de tromper l'administration.

Cette nouvelle tactique paraissait d'autant plus sûre à MM. Lassus et Durieu, qu'après cette *razzia* de pièces faite chez M. Seheult et à l'évêché, ils croyaient avoir en mains toutes celles dont MM. Seheult et Garreau auraient pu faire usage pour leur défense.

Il n'y a pas d'autres moyens d'expliquer cette nouvelle attaque, car elle se serait évanouie au premier aspect des pièces justificatives fournies par M. Seheult à l'appui de tous ses décomptes, comme cela a été complétement justifié, plus tard, devant le Conseil d'Etat.

Les attachements prescrits par le premier marché de 1839, dit M. Durieu, n'ont pas été tenus; donc, les prix, qui devaient en dériver, ont été arbitrairement fixés entre l'architecte et l'entrepreneur; en outre, d'après l'expertise *si honnête et si modérée* de M. Lassus, ces prix sont tellement exagérés, qu'il y a lieu d'annuler le marché et les règlements de comptes qui en ont été la suite. Et, comme les prix du marché de 1839 ont servi de base au marché de 1845, celui-ci doit avoir le même sort.

Les attachements n'ont pas été tenus! Tel est le seul grief sur lequel on s'appuie, après avoir échoué sur tous les autres; c'est, quant à présent, l'unique argument de l'attaque, et l'on a vu pour quelle raison elle a choisi ce nouveau terrain, dont elle sera débusquée comme partout ailleurs.

Sans m'arrêter à réfuter les injures et les calomnies de M. Lassus, reproduites avec une servilité si injustifiable dans le rapport de M. Durieu, je me contenterai de répéter, qu'au moment où il s'exprimait ainsi, il avait en mains, non-seulement *tous les attachements écrits et figurés* adressés au ministre par M. Seheult, mais encore tous ceux qui, comme je l'ai déjà dit, par un abus de confiance inqualifiable, lui avaient été dérobés par MM. Lassus et Leblond, dans leur visite de juin 1848. M. Durieu avait de plus : 1° le rapport de M. Lassus du 2 août 1848, qui, pour le besoin de son attaque contre certaines parties des travaux, constatait qu'il en avait fait usage ; 2° celui du 14 avril 1849, par lequel il énonce la remise de ces attachements, faite par lui-même au ministre; 3° la lettre de M. le ministre à M. le préfet, en date du 4 juillet 1846, par laquelle il lui accuse réception des attachements en ces termes: « Vous m'avez

» transmis, le 29 mai, un métré détaillé, établi
» sous la date du 25 du même mois, de tous les
» travaux exécutés à l'édifice, avec diverses pièces,
» telles que *cahiers de croquis, attachements con-*
» *tradictoires, dessins, épreuves au daguerréotype,*
etc., etc. » 4° enfin, la lettre du 12 septembre 1846, par laquelle le ministre écrit au préfet, au sujet du règlement du décompte arrêté à cette date : « Vous
» m'avez soumis, le 29 mai dernier, *toutes les pièces*
» *nécessaires au règlement du compte de ces tra-*
» *vaux.* »

Comment pouvait-on affirmer, en présence de faits aussi précis, qu'il n'avait pas été tenu d'attachements ?

Pourtant M. Durieu l'affirme sans aucune hésitation, et en tire la conséquence que MM. Seheult et Garreau n'avaient éludé cette prescription rigoureuse que dans le but, comme je viens de le dire, de tromper l'administration.

C'est ainsi qu'apparut, sous une autre forme, cette accusation de M. Lassus, dont on a parlé, et que l'on verra bientôt s'anéantir sous le poids du mépris et du ridicule.

Le rapport de M. Durieu terminé, il pensa qu'il était nécessaire de lui donner, au point de vue de la question de droit, et surtout dans le but de s'en aider et de couvrir sa responsabilité auprès du ministre, le cachet de l'approbation d'un jurisconsulte. Mais, pour avoir cette approbation complète, il fallait absolument tromper l'avocat, comme on voulait tromper le ministre, et, pour atteindre à ce but, ne lui communiquer qu'une fraction du dossier de l'affaire. C'est ce que fit M. Durieu, et, bien entendu, sans hésitation ni scrupule.

Toutefois, le jurisconsulte ne s'y laissa pas prendre, comme il est aisé de le voir par les réserves si bien accentuées de sa consultation, qui peut se résumer ainsi :

« Aucun doute, dit-il, que le marché de 1839 n'imposât à l'architecte la prescription rigoureuse de tenir des attachements contradictoirement avec l'entrepreneur. »

Si donc ces attachements n'ont pas été tenus;

Si il y a eu dol et erreur dans l'approbation des comptes de ce premier marché;

Si les états mensuels ont été tous fabriqués de la même plume et de la même main, comme on le dit, ce que *nous n'avons pu vérifier, n'ayant pas eu sous les yeux ces états mensuels ;*

Si le rapport de M. Lassus est exact; enfin *si* tous ces doutes sont des réalités, le marché de 1839, tout aussi bien que celui de 1845, auquel il a servi de base, ainsi que tous les décomptes qui en ont été la suite, doivent être considérés comme nuls et non avenus.

En d'autres termes, *si* MM. Lassus et Durieu sont d'honnêtes gens, à coup sûr MM. Seheult et Garreau ne le sont pas. *Si* non, c'est précisément tout le contraire.

Nous verrons, sur ce point capital, l'avis du Conseil

d'Etat, et surtout celui du ministre détrompé lui-même.

N'est-il pas évident que celui qu'on consultait n'avait en communication aucune des pièces essentielles pour asseoir son opinion, et que ce n'était que par un subterfuge, et pour tromper le ministre et tout le monde, qu'on invoquait ici l'appui de son autorité?

Ce rapport, *si regrettable* de M. Durieu, a écrit M. le Ministre, et qui mérite, à plus juste titre, l'épithète de libelle diffamatoire, fut répandu à profusion à Nantes, et même dans les environs, par les soins d'agents intéressés de M. Lassus, agents bien connus, que je ne nommerai point par respect pour notre ville, et aussi parce que je n'aurais besoin d'invoquer leurs noms que pour les vouer au mépris.

M. Seheult, attaqué dans ce qu'il avait de plus précieux au monde, son honneur, se crut obligé de répondre à ce libelle par un mémoire adressé à ses concitoyens, dans lequel il réfute, de la manière la plus victorieuse, toutes les calomnies de son méprisable et puissant adversaire, et dont, à coup sûr, il n'avait pas besoin pour maintenir son honorabilité au-dessus de toutes les attaques.

M. Garreau ne tarda pas à en faire autant par son mémoire au conseil de préfecture, devant lequel il s'était pourvu.

Impatient des retards calculés qu'on lui faisait éprouver, sans vouloir, malgré ses demandes incessantes, lui en donner les motifs, il prit le parti d'adresser, le 11 octobre, une requête à messieurs les conseillers de préfecture, à l'effet de prescrire la communication à M. Verne, son avoué, des pièces produites par l'Etat dans la contestation qu'il soutenait.

A quoi M. le préfet répond, par sa lettre en date du 21 du même mois :

« Le mémoire de M. le directeur général des cultes, » en date du 20 décembre 1849, et dont communi- » cation vous a été donnée le 19 avril 1850, *est la » seule pièce qui, jusqu'à ce jour, ait été produite » par l'Etat*, au sujet de la contestation qui vous » concerne ; votre requête est donc, pour le moment, » sans objet. »

Ainsi, on accuse MM. Seheult et Garreau de n'avoir pas tenu des attachements contradictoires, et de cette accusation mensongère on conclut à l'annulation de tous les marchés, de tous les décomptes, et, comme preuve unique, on produit devant les juges l'accusation elle-même, le libelle Durieu, ni plus ni moins !!

Il est donc bien évident qu'on agissait devant le conseil de préfecture comme on avait agi devant le jurisconsulte dont on voulait avoir l'avis, comme on agissait devant le ministre, comme on agira plus tard devant le Conseil d'Etat, et, qu'au lieu d'éclairer, on voulait tromper tout le monde.

La vérité est que MM. Lassus et Durieu avaient en mains, en double expédition, tous les attachements, qu'ils se gardaient bien de produire, ne pouvant le faire sans se condamner eux-mêmes.

M. Garreau s'était pourvu en conseil de préfecture le 29 décembre 1849, et, comme on l'a vu par la lettre du préfet, à la date du 21 octobre 1850 l'affaire n'avait pas fait un pas. Le conseil n'avait encore pour éclairer sa religion que le rapport Durieu. Sans doute, il aurait pu ratifier, purement et simplement, les conclusions de M. le directeur général, comme ce dernier avait ratifié lui-même celles de son compère, M. Lassus. Peut-être, M. Durieu l'espérait-il; mais, en tout cas, il obtenait le bénéfice de l'ajournement sur lequel il spéculait pour ajouter, aux charges déjà si lourdes de M. Garreau, des charges nouvelles, sous le poids desquelles on fondait l'espérance *honnête* qu'il ne tarderait pas à succomber.

M. Garreau, dans cette situation, invoquait des secours de toutes parts; en adressant à M. Billault son mémoire au conseil de préfecture, il le priait, par sa lettre du 20 octobre, d'intervenir auprès du ministre, pour faire en sorte que l'affaire fût mise en état d'être jugée, afin d'éviter de nouveaux retards si préjudiciables et si compromettants pour ses intérêts.

Voici la réponse obligeante que fit M. Billault, sous la date du 30 du même mois, à M. Garreau :

« J'ai bien reçu votre second mémoire; je l'ai lu » avec attention: il m'a paru tout à fait concluant. Je » suis disposé à faire ce que je pourrai pour vous être » agréable, et si je trouve l'occasion de presser le » jugement de votre affaire, je le ferai avec grand » plaisir.

» Je vous renouvelle l'assurance de mon constant » intérêt. »

Pour la conservation des intérêts composés de la somme qui lui était due, M. Garreau fit assigner l'Etat, en la personne de M. le préfet, par exploit en date du 3 décembre.

Le même jour, 3 décembre, M. le préfet, qui, très-sûrement, n'avait pas manqué d'écrire au ministre, pour réclamer les pièces indispensables au conseil de préfecture et dont M. Garreau demandait communication, reçoit une lettre du ministre, par laquelle ce dernier motive sur le refus que M. Garreau aurait fait de communiquer des pièces au conseil, le retard qu'il a mis lui-même à fournir *les derniers éclaircissements rendus nécessaires*, et qui, dit-il, doivent mettre le conseil de préfecture *définitivement à même de prononcer*.

Tel est, ajoute le ministre, l'*objet* de la présente lettre.

Tout d'abord et bien loin de refuser cette communication, M. Garreau proposa de la faire, non plus de confiance comme M. Seheult, mais par des copies prises sans déplacement, soit par un agent de l'administration, soit par un de ses agents à lui-même, lesquelles seraient collationnées sur les originaux. Ce mode de communication, accepté d'abord par le conseil, fut ensuite refusé par ordre du ministre, qui avait signifié que, si, dans trois jours, les originaux demandés à M. Garreau *n'étaient pas rendus à Paris*, il n'y avait plus lieu d'accepter aucun autre renseignement de sa part.

On insistait donc pour l'envoi des originaux à Paris,

ce dont M. Garreau se garda bien, en présence de la double spoliation précédemment faite chez M. Seheult et au cabinet de la cour de l'évêché. Cette prudente réserve, qui a été son ancre de salut devant le Conseil d'Etat, fut l'objet d'un blâme aussi injuste que sévère de la part du ministre, qui, en effet, donna l'ordre de n'accepter désormais aucune communication de M. Garreau pour sa défense. La preuve de cette assertion se trouve tout entière dans la lettre du préfet à M. Garreau, dans laquelle il lui mande que le conseil de préfecture, *qui d'abord avait accepté* la communication des livres et carnets d'attachements, refuse de le faire dans les termes que lui propose M. Garreau. N'est-il pas de toute évidence que l'on voulait qu'il se dessaisit, comme l'avait fait si imprudemment M. Seheult, des pièces originales, pour les ensevelir avec les autres dans le carton secret de ses adversaires ?

M. le ministre se plaint ensuite du peu de mesure que M. Garreau a gardé envers l'administration dans les mémoires qu'il a publiés pour sa défense. Dans une « affaire de cette nature, dit le ministre, il n'est » pas permis de faire descendre la discussion dans » l'arène des récriminations privées ; cette règle de » haute convenance a été complétement méconnue » par M. Garreau, qui, à cet égard, s'est donné une licence de récrimination et d'agression injustifiable. » « Puis il ajoute que le préfet ne saurait trop s'élever » contre un tel abus de la défense, et trop dégager » l'affaire de toutes les personnalités passionnées,

» injurieuses, qui ne tendent qu'à troubler le débat. » Or, qui disait tout cela ?...... M. Durieu.

Ainsi, il est donc parfaitement expliqué, et il n'y a pas à s'y méprendre, que le ministre entend par cette lettre fournir les *derniers éclaircissements rendus nécessaires* pour mettre le conseil de préfecture *définitivement à même de prononcer*; que tel est l'OBJET de sa lettre.

Que l'on ajoute à cela la recommandation de presser, *le plus promptement possible*, la solution du conseil de préfecture, et cette admonestation très-vive à l'adresse de M. Garreau ; enfin, cet avertissement au préfet, qu'il ne saurait trop s'élever contre un tel abus: on reconnaîtra, sans aucun effort d'imagination, qu'en style administratif et sous une forme, du reste, assez peu ménagée, cette lettre du chef au subordonné n'est autre chose que l'ordre impératif de se contenter, sans autre réclamation subséquente, des pièces qui étaient aux mains des conseillers de préfecture et de presser leur jugement. Voilà pourtant ce que les adversaires cachés de M. Garreau faisaient signer au ministre !

Or, le conseil, ainsi pressé, qu'avait-il sous les yeux, pour se livrer à un examen sérieux de l'affaire ?

A la date du 21 octobre, il avait, suivant la lettre de M. le préfet à M. Garreau, un document unique : *le mémoire de M. Durieu*, qu'il avait, à coup sûr, eu le temps d'étudier jusqu'au 3 décembre 1850, près d'une année.

A cette dernière époque, le dossier se composait,

ainsi que l'a démontré l'instruction, des rapports de M. Lassus, moins, bien entendu, le premier du 26 avril 1848, qui, placé en face des autres, révélait tout le mystère de cette infernale intrigue; puis de 121 pièces de dessins et croquis parfaitement insignifiants, mais que, par cette raison, on produisait à la place des attachements qu'on ne voulait pas produire, et pour faire croire qu'il n'en existait pas; enfin, de cette lettre quasi impérative du ministre, dont il vient d'être parlé, qui affichait, en termes non équivoques, la prétention d'être *décisive* dans la question. Quant aux attachements, tantôt critiqués, tantôt niés, tantôt reconnus par M. Lassus lui-même, il n'en fut fait aucune communication. Enfin, le conseil avait tout, excepté ce qu'il fallait avoir pour apprécier et bien juger.

Une pareille instruction ne peut être comparée qu'au cynisme effronté des rapports de MM. Lassus et Durieu, si menteurs dans le récit des faits, si personnels et si grossiers dans leurs expressions.

Quant à l'admonestation du ministre à M. Garreau, au moyen de laquelle on essaie de prévenir contre lui le préfet et le conseil, qu'en dire ?

Comment ! c'est en présence de toutes les calomnies, de toutes les personnalités injurieuses et passionnées, qui fourmillent dans les rapports dont je viens de parler, contre MM. Scheult et Garreau, qu'on leur fait le reproche de les retourner contre de lâches adversaires; c'est sous le coup de tant d'infamies qu'on ose qualifier d'irrévérencieuses des représailles qui ne sont, tout au plus, que l'audace de la vérité et d'une très-légitime défense ! N'est-ce pas le cas de dire que c'est ici l'incendiaire qui cherche à se dérober en criant au feu ?..... C'est à n'y pas croire.

Tel était tout le bagage expédié de Paris à la préfecture par les soins de M. le directeur général des cultes, avec cette injonction mal déguisée *que toutes réclamations, autres que les pièces qu'il contenait*, paraissaient désormais interdites au préfet; et pourtant elles étaient évidemment insuffisantes pour éclairer la religion du conseil, et le mettre en état d'apprécier et de juger en toute connaissance de cause.

---

§ IV. — 1851.

Arrêté du conseil de préfecture (9 mai). — Son bon et son mauvais côté. — Comment les adversaires de M. Garreau cherchent à l'interpréter contre lui. — Juste critique. — Pourvoi de M. Garreau au Conseil d'État (28 mai 1851). — Phase importante de l'affaire. — L'honneur de MM. Seheult et Garreau et la fortune de celui-ci sont engagés. — Ils vont avoir à lutter contre de puissants adversaires, qui ne peuvent succomber sans être publiquement voués à l'infamie. — Tactique d'insigne mauvaise foi et manœuvres inouïes de la part des adversaires de M. Garreau. — Résistance opiniâtre de la sienne. — Lettre du ministre au président de la section du contentieux (6 novembre), par laquelle il réclame l'envoi des pièces du procès, *en retard de près de six mois*. — Lettre de M. Huet, avocat de M. Garreau (18 décembre), par laquelle il réitère cette demande au ministre. — Il lui fait remarquer que plus de *trois ans et demi* se sont écoulés, sans que M. Garreau ait obtenu la justice qu'il n'a cessé de solliciter, et lui signale le notable préjudice résultant de ce retard.

C'est en face de documents aussi incomplets, et dans l'absence des attachements qu'on lui cachait, et sur lesquels les adversaires de MM. Seheult et Garreau s'étaient désormais retranchés pour faire annuler les marchés, que le conseil de préfecture, harcelé et pressé des deux côtés d'en finir, fit ce qu'on fait toujours quand, n'ayant pas, par devers soi, les moyens de s'éclairer, on veut dégager sa responsabilité; il conclut à une expertise par son arrêté du 9 mai 1851.

Comme on le voit, c'était toujours le même système de supercherie de la part des adversaires de MM. Garreau et Seheult, et l'on ne pouvait guère espérer que ceux qui trompaient le ministre, après avoir trompé l'avocat chargé de l'éclairer, en useraient autrement devant le conseil de préfecture.

Mais ici leur tactique ne réussit pas au gré de leurs désirs, car la réponse dubitative du jurisconsulte, sur l'honnêteté des hommes, fut complétement tranchée, à leur désavantage, par le rejet du semblant d'estimation de messieurs les experts de Paris, et par un juste hommage rendu à la loyauté de MM. Seheult et Garreau, hommage qui fut répété avec empressement par tous les journaux de la localité.

Toutefois, on ne peut s'empêcher de reconnaître que le conseil de préfecture, auquel l'administration n'avait point voulu communiquer les attachements dont elle niait l'existence, ne soit tombé dans une grave erreur, en s'arrêtant à cette question, complétement résolue par les arrêtés de comptes et les accusés de réception, si explicites, de ces attachements et autres pièces justificatives, sanctionnées, après des examens longs et minutieux, par la signature du ministre. Il est évident que ces justifications, qui remontaient à plus de cinq ans, et avaient acquis toute l'autorité de la chose jugée, étaient plus que suffisantes pour faire apprécier à sa juste valeur, cette censure rétrospective, et de mauvaise foi, des adversaires de MM. Seheult et Garreau, à la loyauté desquels le Conseil ne pouvait, comme il s'est empressé de le faire, rendre un juste hommage, sans reconnaître la perfidie et la déloyauté de l'attaque. (1) Mais il n'est pas moins évident, qu'en tombant dans cette erreur, en concluant à une expertise qui n'avait aucune raison d'être, le conseil avait entendu et ne pouvait entendre, ainsi qu'il l'a clairement exprimé dans son arrêt, autre chose qu'une vérification des prix et des calculs de MM. Seheult et Lassus, qui offraient, dans leur résultat, une si énorme différence, qu'il fallait nécessairement l'expliquer. D'accord sur les métrés, sur la bonne exécution des travaux, l'opération se réduisait donc à des termes très-simples et devait être promptement terminée.

(1) Cette erreur du conseil fut signalée par les membres les plus distingués du barreau de Nantes, notamment par l'un d'eux, ancien conseiller de préfecture, qui, dans une appréciation critique très détaillée de l'arrêt précité, la démontra jusqu'à la dernière évidence et avec une force de logique telle que l'habile avocat de M. Garreau n'hésita pas à placer cette critique au nombre des meilleurs arguments de la défense, envisagée au point de vue du droit administratif.

Mais ceci ne faisait pas le compte des adversaires de M. Garreau, qui savaient bien que leurs chiffres ne pouvaient supporter la lumière du jour, sans être biffés, bafoués et ridiculisés ; ils n'ignoraient pas, non plus, qu'embarqués désormais dans cette déplorable affaire, ils n'avaient d'autre moyen d'en sortir que par la ruine de M. Garreau ; en *honnêtes gens*, ils devaient l'espérer dans la haute position qu'ils occupaient. Un ministre trompé, mais toujours puissant, en face d'un entrepreneur qu'on cherche à signaler comme un insulteur quand il se défend, c'est l'argile et l'airain ; tout leur espoir était là.

Pour arriver à leur but, que fallait-il faire ? Continuer, par tous les moyens imaginables et sous les prétextes les plus astucieux et les plus frivoles, le système d'ajournement qu'on avait commencé et qui, depuis trois années, avait dû singulièrement affaiblir les ressources de M. Garreau.

Comme voies et moyens, il fallait, tout d'abord, feindre de méconnaître le véritable caractère de l'expertise, ordonnée par l'arrêt du conseil de préfecture, pour lui donner une proportion qu'elle ne pouvait avoir, et que le texte, comme le plus simple bon sens, réprouvait. En un mot, au lieu d'une expertise simple et facile, telle que l'arrêt du conseil de préfecture l'avait clairement indiquée, les adversaires voulaient tout remettre en question, sans nécessité aucune pour éclairer le débat, et dans le seul but de l'éterniser, afin d'acculer l'entrepreneur à une ruine qu'ils croyaient certaine.

Après son premier échec, M. Lassus n'avait eu d'autre but que d'attaquer les travaux au point de vue matériel ; mais que de peines il a dû se donner et à quelles investigations minutieuses il a dû se livrer, pour constater, sans pouvoir y parvenir, soit des malfaçons, soit des qualités inférieures dans le choix des matériaux, soit des différences dans les métrés.

A ce sujet, rappelons tout d'abord le rapport du 26 avril 1848, écrit alors que M. Lassus s'arrêtait à la riante pensée de succéder à M. Seheult, immédiatement et sans obstacle, comme il avait fait à Chartres et au Mans, et dans lequel il disait, en toutes lettres, que les travaux de la Cathédrale, qu'il venait d'examiner, *étaient exécutés avec soin et en bons matériaux*, et que, sous ce double rapport, il n'avait que *des éloges à donner*.

C'est plus tard et dans une situation d'esprit qui n'était plus la même, qu'il s'avisa de les critiquer, d'abord dans une certaine mesure, et ensuite, lorsque sa colère contre les hommes parvint à son dernier degré de paroxysme, en affirmant qu'ils étaient tout à fait mauvais.

Et cependant, nous avons vu une expertise postérieure, ordonnée par l'administration elle-même, opérer avec la plus minutieuse et la plus sévère investigation, et déclarer *qu'une seule fissure*, qui provient, croit-on, d'un fil préexistant, se trouvait dans *une seule pierre* de l'édifice !

Cela prouve surabondamment que, dans l'esprit du

conseil de préfecture, comme on le verra plus loin, dans l'esprit du conseil d'Etat, et enfin dans la pensée de tout homme honnête et de bon sens, la question des travaux était complétement résolue; et que, par conséquent, l'expertise, dont il s'agissait, n'avait pour objet, comme je l'ai dit, qu'une simple vérification des prix et des calculs de MM. Seheult et Lassus.

Les adversaires de M. Garreau, ne voulant pas, ou plutôt feignant de ne pas vouloir la comprendre ainsi, celui-ci, harcelé systématiquement sur tous les points, prit la résolution de recourir au Conseil d'Etat, espérant que ses adversaires ne se permettraient pas, devant cette haute magistrature, les manœuvres dont ils avaient, jusqu'à présent, fait usage, et, qu'en tout cas, il aurait plus de moyens et de facilité pour les déjouer. Cette pensée était juste; l'avenir l'a bien prouvé.

En conséquence, le 28 mai 1851, M. Garreau fit son pourvoi au Conseil d'Etat.

Ici nous entrons dans une phase de l'affaire on ne peut plus importante, où l'Etat, désormais engagé par la signature de son ministre, ne peut succomber sans être gravement compromis; d'autre part, où deux hommes honnêtes, attaqués dans leur honneur et leur fortune, ne peuvent admettre aucune transaction sans courir le risque de perdre l'estime si légitimement acquise, de leurs concitoyens.

Ainsi qu'on peut le prévoir par sa lettre du 3 décembre 1850 au préfet, le ministre se présentera devant le Conseil d'Etat, comme il s'est présenté devant le conseil de préfecture, c'est-à-dire avec la même hostilité, la même irritation, de plus en plus surexcitée par la résistance d'un inférieur, et avec tous les arguments si incisifs dont il s'est servi pour le combattre.

D'un autre côté, M. Garreau, fort de son droit et de sa conscience, est décidé à soutenir la lutte et à ne pas céder un pouce de terrain.

Telle est la situation.

Nous allons voir avec quel acharnement et par quels moyens les adversaires ont continué leur attaque, et ce qu'il a fallu de courage et de constante énergie pour la combattre dans toutes ses manœuvres et jusqu'à sa fin.

Dans son pourvoi au Conseil d'Etat, M. Garreau maintenait, ce qui était parfaitement juste, les conclusions qu'il avait prises devant le conseil de préfecture, à savoir l'exécution franche et loyale des marchés passés entre lui et l'administration et le règlement des décomptes qui en avaient été la suite : toutefois, avec l'intention bien arrêtée, comme il l'a prouvé devant le Conseil d'Etat, de ne se refuser à aucune vérification des calculs et des chiffres, pourvu qu'elle fût prompte et honnête, car on les avait avait tellement dénaturés qu'il était de son honneur de les rétablir dans toute leur vérité.

M. Garreau s'était pourvu devant le Conseil d'Etat contre l'arrêté du conseil de préfecture, le 28 mai, et jusqu'au 6 novembre, presque six mois plus tard, toute l'affaire était restée dans les bureaux du ministère. A cette date, le président de la section du contentieux, M. Maillard, écrit une lettre de rappel à M. le ministre, pour le prier d'envoyer au greffe du contentieux les pièces et documents relatifs au procès engagé.

Le 28 décembre, *près de deux mois plus tard*, M. Huet, avocat de M. Garreau, réitère à M. le ministre la demande du président, en lui faisant remarquer que plus de trois ans et demi se sont écoulés, sans que M. Garreau ait obtenu la justice qu'il n'a cessé de solliciter; que, privé du capital important qui lui est dû, de son matériel encore sous le scellé, paralysé dans ses travaux, dans l'exercice de son état, placé dans l'impossibilité de faire travailler ses ouvriers, qu'il lui a fallu congédier, il reste exposé aux insistances de ceux envers lesquels il s'est obligé; qu'en conséquence, il le supplie de vouloir bien presser la solution de l'affaire.

---

§ V. — 1852.

Le 4 mars, M. le directeur des cultes répond à la lettre de M. Huet, _du 28 décembre 1851, plus de deux mois en retard._ — Il l'informe que le ministre vient de désigner M. Paul Fabre, avocat, pour le représenter dans l'instance au Conseil d'État. — _Singulier procédé et tout à fait nouveau._ — Sa raison d'être, clairement démontrée. — _Le 3 avril,_ M. Garreau adresse au Conseil d'État une demande en provision de 50,000 fr., _fondée sur les retards ruineux que lui fait éprouver l'administration._ — Le 8 du même mois, M. le président de la

section du contentieux transmet au ministre la demande de M. Garreau et lui rappelle, *pour la troisième fois* et plus vivement que par sa dernière lettre, qu'aucune production n'a été faite, jusqu'à ce jour, par l'administration au Conseil d'État.— Mémoire de M. Paul Fabre, avocat de l'administration (16 avril). — M. Garreau écrit au ministre que ce mémoire est bien déposé au greffe de la section du contentieux, mais qu'il est accompagné d'une production complétement insuffisante. — *31 mai*, décision du ministre ordonnant une nouvelle expertise des travaux de la cathédrale. — On veut recommencer le coup après avoir perdu la partie. — La manœuvre est déjouée et se retourne contre l'attaque. — Ma lettre à M. Garreau (*31 juillet*), mes observations sur le mémoire de M. Fabre. — *13 août*, lettres de M. Huet et de M. Bignon en réponse à la communication de ma lettre à M. Garreau. — On me demande la permission de la faire imprimer.— Mon refus, motivé dans l'intérêt de l'affaire. — La situation devient plus grave par la menace qui s'accrédite de la révocation de M. Maillard, président de la section du contentieux, et de MM. Reverchon et Cornudet, rapporteurs. — *7 août*, lettre de M. Garreau. — Il me dépeint les tourments qu'il éprouve, et me transmet une note sur M. Durieu. — *10 août*, ma réponse à M. Garreau. — M. Huet annonce à M. Garreau que la révocation de M. Maillard et de MM. Cornudet et Reverchon est un fait accompli. — Grande inquiétude parmi les amis de M. Garreau. — On veut s'assurer des dispositions de M. Auger, en lui communiquant mes lettres. — Réponse satisfaisante de cet architecte. — Lettre de M. Raguideau, annonçant que la nouvelle expertise, prescrite par le ministre, s'est résumée dans un rapport qui lui est défavorable. — Vrais motifs de cette manœuvre. — *14 décembre*, réponse au mémoire de M. Fabre. — Autre manœuvre plus perfide, signalée par M. Maurice Duval par sa lettre du 21 décembre.

Attaqué et poursuivi, comme il l'était par les plus insignes calomnies, M. Garreau trouva, dans l'assistance spontanée d'hommes honorablement connus, un grand dédommagement à ses peines et un puissant secours contre ses adversaires. Il avait, dans le cours de sa longue et laborieuse carrière, beaucoup entrepris : travaux municipaux, travaux du génie militaire, travaux des ponts et chaussées, travaux épiscopaux, travaux maritimes et départementaux. Aussi, préfets, évêques, ingénieurs, députés, en un mot, toutes les autorités civiles et religieuses qui avaient été en relations avec lui, et à même de l'apprécier par ses œuvres et son irréprochable probité, s'empressèrent à l'envi de lui apporter le tribut de leur estime et de leur sympathie.

L'un d'eux eut la bonne pensée de rassembler dans un seul cadre tous ces témoignages si honorables et de les livrer à l'impression sous le titre de *Documents à consulter relativement aux travaux de la cathédrale de Nantes.*

Ce concours, qui ne l'a pas un instant abandonné dans cette longue période de tourments, a été, tout à la fois, une grande consolation pour lui et une grande honte pour ses calomniateurs.

Le *4 mars*, M. le directeur des cultes, répondant à la lettre de M. Huet du *28 décembre 1851*, l'informe que M. le ministre vient de désigner M. Paul Fabre, avocat, pour le représenter auprès du Conseil d'Etat en ce qui concerne le litige.

Un ministre, chargé de représenter l'Etat dans ses relations avec cette haute assemblée, se faisant substituer par un avocat ! c'était chose nouvelle et tout à fait anormale, et ce qui n'est pas moins digne d'attention, c'est la désignation d'un autre avocat en remplacement de celui précédemment choisi par l'administration, et qui, comme je l'ai fait remarquer, s'était montré si peu convaincu et si réservé dans les termes de sa consultation sur le mémoire si acerbe et si tranchant de M. Durieu.

Il est clair que ce fait, sans précédent, révélait un grand embarras de la part des adversaires de M. Garreau, et trahissait, d'une manière assez accentuée, leur opinion sur cette mauvaise affaire. Il est évident qu'en nommant un avocat pour représenter l'Etat à la place du ministre, on était sous le coup de deux appréhensions : l'une de se trouver, à défaut d'intermédiaire, dans la nécessité d'expliquer, par soi-même, les calomnies injustifiables de MM. Lassus et Durieu, ce qu'on ne pouvait faire sans compromettre, devant le Conseil d'Etat, la dignité personnelle du ministre déjà trop compromise par les abus de confiance de son entourage; l'autre par l'impossibilité, qu'on prévoyait à l'avance, de trouver, au sein de cette haute magistrature, un organe assez convaincu pour soutenir une accusation aussi injuste par d'aussi déplorables moyens.

Il a été bien aisé de reconnaître, à cet endroit, que la crainte des adversaires était justement fondée, quand on a vu le conseiller remplissant les fonctions du ministère public, organe naturel de l'Etat, se lever et prendre la parole pour démontrer, d'abord, le mal fondé et le ridicule de l'attaque, en flétrir les mauvaises pratiques; puis venger, avec éloquence et conviction, MM. Seheult et Garreau, qui, eux, n'avaient pas pris d'avocat pour les représenter, de toutes les calomnies et les injustices dont ils avaient été l'objet [1]. Ainsi, le manteau du ministre, sous lequel les adversaires de M. Garreau s'étaient longtemps tenus cachés, ne pouvant désormais les abriter sans danger, ils se réfugiaient honteusement et contre tous les usages sous la robe de l'avocat !

Le *3 avril*, M. Garreau porte devant le Conseil d'Etat une demande en provision de 50,000 fr., fondée sur les retards ruineux que lui fait éprouver l'administration, et qui sera imputable sur la condamnation à intervenir. Il réitère ses plaintes; il dit que vainement il a multiplié les demandes, les mémoires, les explications..., que tout a été inutile; que, pendant longtemps, il ne lui a été opposé qu'une force d'inertie, contre laquelle il a inutilement lutté, et que c'est sous le coup de ce silence obstiné que force a été pour lui de recourir, d'abord au conseil de préfecture, puis enfin au Conseil d'Etat.

Par sa lettre en date du 8 avril, M. le président de la section du contentieux donne au ministre communication de la demande de 50,000 fr. adressée par M. Garreau au Conseil d'Etat; il lui fait remarquer que cette demande est motivée sur les retards que l'affaire aurait subis par le fait de l'administration. Il rappelle qu'en effet le pourvoi a été communiqué dès le 15 juin 1851, et que, par sa lettre du 6 novembre 1851 et celle du 1er mars 1852, il a rappelé cette affaire au ministre; qu'enfin, M. le directeur des cultes,

(1) M. Garreau, ainsi qu'on le verra et sur l'avis qui lui en fut donné, se présenta, seulement accompagné de deux de ses compatriotes, le jour de l'audience solennelle du Conseil d'Etat.

par lettre du 4 mars suivant, l'informe que, depuis le 30 octobre, le ministre a cru devoir charger M. Fabre de représenter l'administration dans cette affaire, mais que jusqu'ici M. Fabre n'a fait aucune production. « Vous penserez assurément, Monsieur le ministre, ajoute le président, que les conclusions nouvelles du sieur Garreau rendent plus urgente encore la nécessité pour l'administration de fournir ses défenses, qui, aux termes de l'art. 4 du règlement du 22 juillet 1806, devaient être produites *sous les 15 jours de la communication.* »

Certes si l'ajournement, systématiquement employé par l'administration dans le but coupable que j'ai indiqué par les faits précédents, pouvait être l'objet d'un doute, la lettre, à la fois, si précise et si ferme du président de la section du contentieux, suffirait à elle seule pour le faire disparaître.

Enfin, M. Paul Fabre, avocat de l'administration, présente en son nom, le *16 avril*, son mémoire de défense au Conseil d'Etat. Ce mémoire n'était autre chose que la reproduction textuelle, dans presque toutes ses parties, du rapport Durieu, qui, lui-même, reproduisait si fidèlement les rapports Lassus. J'en dirai mon opinion, en citant la lettre que j'écrivais à M. Garreau, le 31 juillet, en réponse à la communication qu'il m'avait faite du mémoire de M. Fabre, avec prière de lui en donner mon avis.

Le 16 mai, M. Garreau écrit au ministre pour lui faire remarquer que le mémoire de son avocat, M. Paul Fabre, lui a bien été signifié et qu'il a été déposé au greffe du Conseil d'Etat, mais avec une production tout à fait incomplète, et évidemment insuffisante pour le mettre à même de connaître et d'apprécier l'affaire. M. Garreau indique au ministre les pièces manquantes, en le priant de les faire parvenir sans retard, afin qu'il en prenne lui-même connaissance. « Je ne viens point, lui dit-il, discuter mon droit, mais je viens vous prier de compléter le dossier de l'affaire, pour qu'elle puisse être jugée le plus tôt possible. »

Parmi tant de détours et d'expédients, en voici un des plus curieux et qui vaut la peine d'être cité, parce qu'il révèle, de plus en plus, les embarras de l'attaque et la continuation des mauvais moyens qu'elle emploie pour en sortir.

Nous avons avons vu que, sur l'ordre de l'administration, un ingénieur avait été chargé avec deux architectes de visiter les travaux exécutés à la cathédrale, et de les examiner au double point de vue de leur achèvement et de la responsabilité de l'entrepreneur; j'ai dit, en citant le volumineux procès-verbal de cette opération, quel avait été le résultat de cette investigation, si satisfaisante pour ce dernier et si déconcertante pour ses adversaires.

C'est, en l'envisageant à ce double point de vue, et pour éviter de produire ce procès-verbal au Conseil d'Etat, en un mot pour recommencer le coup, après avoir perdu la partie, qu'il vint à la pensée de ceux-ci de faire remplacer cette pièce importante par une autre moins hostile, s'il était possible, à leur préten-

7

tion. Alors une nouvelle décision du ministre, sous la date du 31 mai, c'est-à-dire 16 mois après le rapport du procès-verbal redigé par l'ingénieur, ordonne une nouvelle expertise, à laquelle MM. Seheult et Garreau furent mis en demeure d'assister

Le piége était trop lourdement tendu pour que ces derniers s'y laissassent prendre; ils répondirent aux sommations par un refus, et l'expertise, qui n'aurait pu être considérée comme contradictoire, et qui, par conséquent, demeurait sans effet devant le Conseil d'Etat, ne put avoir lieu. Nouvelle preuve, parmi tant d'autres, de la déloyauté de l'attaque, qui voulait tuer ses adversaires par le mensonge ou les user par le temps.

Les choses en étaient à ce point, lorsque M. Garreau me donna communication du dernier mémoire de l'administration, dont il vient d'être parlé, en me priant de lui en dire mon avis. Il était alors très-vivement préoccupé de son affaire, qui durait depuis quatre ans et menaçait, disait-il, d'être interminable par les manœuvres incessantes de ses adversaires. Avec l'accent d'une profonde tristesse, qui me pénétra moi-même, il me dit qu'il voyait bien qu'on avait entrepris de consommer sa ruine, et que, probablement, ses efforts seraient impuissants pour l'empêcher, parce que, entre lui et un ministre, la lutte était trop inégale; mais, que ce qui le touchait bien davantage, c'est qu'on cherchait, par tous les moyens possibles, à le déshonorer, et que, sur ce point, si les honnêtes gens ne s'éclairaient pas, par la lecture de sa défense, il serait exposé à perdre l'estime de ses concitoyens, ce qui serait, pour lui, un chagrin dont il ne se consolerait jamais.

Je cherchai à le rassurer à cet égard, en lui affirmant que tous ceux qui, comme moi, connaissaient M. Seheult et lui, leur conserveraient une estime aussi légitimement acquise, et quelle que fût, au point de vue de l'intérêt, l'issue de cette malheureuse affaire, dont, pour mon compte, j'espérais un heureux dénouement. J'ajoutai que, non seulement j'allais lire et attentivement examiner le dernier mémoire qu'il me communiquait, mais étudier à nouveau les autres documents relatifs à cette malheureuse affaire, afin de m'en bien pénétrer et de lui en donner mon avis, ou tout au moins le résultat de mes impressions.

Chose promise est chose due, et je m'empressai, à mon arrivée à la campagne, qui eut lieu le lendemain même, de payer ma dette, que, plus tard, j'ai eu l'heureuse occasion d'acquitter plus largement encore.

Après une étude assez ardue d'abord, surtout au point de vue des connaissances techniques, nécessaires pour approfondir tous les calculs, étude qui, pourtant, me paraissait moins difficile à mesure que j'avançais dans mes recherches, je ne tardai pas à me pénétrer de toutes les infamies de l'attaque, et j'en fus révolté à ce point que mon sommeil en fut troublé.

Dans cette situation, je pris l'affaire tout à fait à

cœur, et, au lieu d'une note en quelques lignes que j'avais promise, j'écrivis cette longue lettre que je reproduis ici, parce qu'elle peut servir, tout au moins au point de vue de la moralité de l'affaire, de réfutation au mémoire du ministre, dont je viens de parler, et, ensuite, parce qu'elle dépeint la situation des esprits et des choses telle qu'elle était alors ; puis, enfin, parce qu'elle contient, quant à l'avenir du grand débat qui venait de s'ouvrir devant le Conseil d'Etat, des appréciations qui se sont heureusement réalisées.

« Blain, le 31 juillet 1852.

» Mon cher monsieur Garreau,

» J'ai lu avec attention le volumineux mémoire de M. Paul Fabre au Conseil d'Etat, concernant votre affaire de la cathédrale. En me communiquant ce travail, vous m'avez prié de vous dire ce que j'en pensais, et, au besoin, de vous faire part de mes observations. Je vous les transmets, non pas, bien entendu, sous forme d'avis, ce qui serait, pour le moins, très-indiscret de ma part, en présence des hommes éclairés que vous avez chargés du soin de votre défense, mais simplement comme le résultat de mes impressions personnelles.

» Le mémoire de M. Paul Fabre n'est, dans sa première partie, que la reproduction, en termes plus ménagés ou moins incisifs, du rapport de M. Durieu, lequel n'était lui-même, sauf la forme, que la copie à peu près textuelle des rapports de MM. Lassus et Leblond. On y trouve, sans aucun commentaire, les mêmes arguments, les mêmes phrases et les mêmes chiffres.

» Quant aux réfutations contenues dans vos précédents mémoires, il en est à peine question. L'objection a été éludée avec un tel soin, que tous vos arguments sont restés debout et peuvent être reproduits, sans y rien changer, en réplique à ce semblant de réplique.

» Cette tactique de l'avocat de vos adversaires est assez commode; elle peut être habile jusqu'à un certain point; mais, à coup sûr, elle décèle, dans l'esprit de tout homme sérieux et impartial, la pénurie complète des bons moyens.

» Ce qui apparaît de plus positif, depuis le commencement jusqu'à la fin de cette triste affaire, c'est qu'il y a, de la part de certains hommes, parti pris de vous ruiner, comme il y a eu parti pris de s'emparer de la place de M. Seheult.

» On n'y réussira pas, car il me paraît impossible que le Conseil d'Etat, en pénétrant au fond de cette intrigue, n'en fasse pas justice.

» En fait d'arguments et de chiffres, je ne vois pas, en effet, ce qu'on peut équitablement opposer à ce que vous avez dit et écrit pour votre défense, et à ce que M. Seheult a dit et écrit lui-même pour repousser la calomnie qui, par contre-coup, ne pouvait manquer de l'atteindre. L'avocat de vos adversaires l'a bien senti ; son mémoire en est la preuve.

» Pour la partie morale, vous et M. Seheult avez également produit, comme preuves sans réplique, à toutes les dates, les attestations les plus honorables. Les préfets qui se sont succédé dans l'administration du département, les évêques, les vicaires généraux, les membres de nos députations et du conseil général, tous y ont ajouté les meilleurs témoignages. L'administration supérieure n'y a pas manqué, elle-même, dans plusieurs occasions, notamment en refusant à M. Seheult, et par un motif dont il doit s'honorer, de lui adjoindre un contrôleur pour les travaux de la cathédrale. Enfin, l'arrêté du conseil de préfecture n'est-il pas, pour vous et l'honorable M. Seheult, un brevet authentique de probité, comme il est, pour M. Lassus et ses complices, un brevet de déloyauté et de basse calomnie ?

» A toutes ces preuves, à tous ces témoignages, si sérieux et si concluants, que peut-on opposer ? D'une part, le silence de M. Fabre ; de l'autre, l'opinion Lassus-Durieu, que l'avocat se contente de présenter dans toute sa *pureté native*.

» L'opinion de M. Lassus ! Je me trompe : le mensonge de cette opinion, car il n'est pas permis de croire, en présence des rapports contradictoires de cet architecte, qu'il ait eu la moindre foi dans ses dernières affirmations et dans ses chiffres.

» Comment ! chargé de faire une vérification exacte et consciencieuse des travaux de la cathédrale de Nantes, un homme écrira d'abord qu'ils ne laissent rien à désirer ; il fixera à 2,165,000 fr. le chiffre des dépenses restant à faire pour leur achèvement, [1] chiffre précédemment porté à 1,940,240 fr., par M. Seheult; il prendra les prix de vos marchés pour type d'évaluation des travaux à faire d'urgence: et le même homme viendra, plus tard, et par suite d'un échec sur lequel il n'avait pas compté, critiquer les travaux qu'il a loués et se récrier contre l'exagération des prix qu'il a, lui seul, exagérés à une époque et dans le but qu'on connaît bien ! Et cet homme, parce qu'il aura su, à force d'intrigues, cacher sa rancune et sa honte sous le manteau d'un ministre, triomphera des meilleurs arguments et de l'opinion des hommes les plus honorables ! Cela n'est pas possible.

» C'est bien le cas de répéter ici ce que l'honorable M. Seheult disait dans son mémoire justificatif : *Ah ! si le ministre le savait !*

» Non, il ne le sait pas, et il est aisé de voir, par la première partie du mémoire de M. Paul Fabre, copie à peu près textuelle des rapports de MM. Lassus et Durieu, qu'à l'heure qu'il est cette intrigue continue de se personnifier dans son premier auteur. Non, le ministre ne le sait pas ; autrement vous ne seriez point aujourd'hui en instance devant le Conseil d'Etat, pour y défendre votre fortune et votre honneur indignement attaqués.

» L'opinion de M. Lassus ! Mais, si j'ai bien vu, si j'ai bien lu, c'est le procès fait, non-seulement à l'ar-

(1) M. Lassus ne parlait ici que des grosses maçonneries; en y ajoutant les autres dépenses, le déficit qu'il signalait dans les prévisions de M. Seheult, s'élevait à près de 30 0/0 au moins.

chitecte et à l'entrepreneur des travaux de la cathédrale de Nantes, mais aux préfets, aux ministres, aux membres du conseil des bâtiments civils, qui, par la nature de leurs attributions, ont pris plus ou moins de part à cette affaire ; c'est le reproche de fraude et de malversation contre les uns, de connivence et d'ineptie contre les autres ; c'est l'attaque la plus audacieuse du mensonge contre la vérité et contre l'opinion des hommes les plus honorables et les plus éclairés; c'est l'insulte la plus grossière au bon sens, et à la logique si puissante des faits et des chiffres, tantôt éludés, tantôt impitoyablement dénaturés, ce qu'il vous sera facile de démontrer, une fois de plus, par un simple résumé de l'affaire. Je n'en veux, pour exemple, que le point de départ de vos adversaires.

» Le montant des travaux exécutés à la cathédrale de Nantes, disent-ils, s'élève à la somme de.... .... 674,638 fr. 10

» Suivant M. Lassus, la valeur réelle de ces mêmes travaux ne serait que de. 385,200 »

» D'où suit que le bénéfice *manifestement illicite* qu'on vous reproche serait de.......................... 289,438 fr. 10

» Cette accusation si grave, accompagnée des épithètes les plus blessantes; cette expression si tranchée, *manifestement illicite*, exigeaient de vos adversaires une démonstration mathématique, tellement nette et tellement claire qu'il ne pût rester place au moindre doute.

» Eh bien! que fait M. Lassus pour prouver ce qu'il avance avec tant d'audace et si peu de sincérité? Il fait un compte, un *conte*, devrais-je dire, dans lequel il supprime, en entier, des dépenses parfaitement justifiées, et dont la constatation ne laisse rien à désirer; il réduit arbitrairement, et, presque toujours dans des proportions dérisoires, les prix fixés par l'architecte et acceptés par l'administration après un long et mûr examen; et, à l'aide de cette triste manœuvre, il parvient à poser le gros chiffre de *bénéfices illicites* de 289,438 fr. Ce qu'il y a de curieux, et M. Auger en a déjà fait la remarque, c'est que M. Lassus, étant, à de très-légères différences près, d'accord avec ses adversaires sur les métrés et sur les fournitures, s'est ôté tout moyen de justifier ce chiffre ridicule et complétement faux.

» A cette manière de procéder, vous opposez des tableaux comparatifs, donnant, d'une part, des prix fixés pour la cathédrale de Nantes, et, d'autre part, ceux de grands travaux publics exécutés tant à Nantes qu'à Indret, travaux d'une exécution bien moins difficile et moins coûteuse, et, par conséquent, bien autrement avantageuse pour l'entrepreneur; et, pourtant, vous démontrez, chiffre par chiffre et de la manière la plus nette et la plus claire, qu'à quelques légères exceptions près, parfaitement motivées dans la colonne d'observations, les prix payés pour les travaux de la cathédrale, sont au-dessous de tous ceux qu'on leur compare. M. Auger, dont le talent, l'expérience et la haute probité sont si bien connus, arrive au même résultat, en procédant par voie de comparaison avec les prix de Paris.

» A ces preuves irrécusables, viennent s'ajouter l'opinion, ici très-désintéressée, des hommes de l'art les plus distingués, les tarifs adoptés par le ministère des travaux publics, ceux des ponts et chaussées, notamment; de telle sorte que, dès le premier pas dans ce labyrinthe où M. Lassus et les siens s'égarent et se perdent, on voit tout cet échafaudage dressé par lui, sapé par sa base et s'écroulant, sans qu'il en reste pièce.

» Pour tout homme de bonne foi, je ne crains pas de le dire, il ressortira de ce simple examen qu'il n'y de *manifestement illicite*, et j'ajoute de souverainement méprisable, que la calomnie empruntant à de mauvaises raisons et à des chiffres menteurs un air de vérité, pour satisfaire, *per fas et nefas*, un sentiment de haine, surexcité par l'avortement d'une convoitise *manifestement illicite*.

» Cette haine et les poursuites qui l'ont suivie, vous pouviez les éviter, mon cher monsieur Garreau; M. Paul Fabre, après MM. Lassus et Durieu, vous dit dans son mémoire : *Qu'il dépendait de vous que cette affaire demeurât dans le cercle d'un débat intime.*

» Je suis ici, et quant au fait, parfaitement de l'avis de ces messieurs, et je trouve que vous n'aviez, pour cela, qu'une chose bien simple à faire: c'était d'accepter, sans contrôle et sans scrupule, le haut patronage de M. l'architecte Lassus, et avec cette rondeur dont il vous donnait si bien l'exemple dans sa première appréciation des travaux faits et à faire à la cathédrale; c'était de vous placer sous sa direction, c'était enfin de lui prêter votre concours. Alors tout eût été dit, tout eût été bien pour vos intérêts, soyez-en sûr, — pour la morale, je ne dis pas. — Mais je comprends très-bien qu'après avoir longtemps hésité avant d'accepter votre second marché sous la direction de M. Seheult, marché que vous n'avez, en définitive, accepté qu'après bien des sollicitations; je comprends très-bien, dis-je, que vous n'ayez pas été tenté d'entreprendre une nouvelle campagne sous la direction d'un chef qui ne devait, comme il l'a trop prouvé depuis, vous inspirer aucune confiance. Par un sentiment d'honnête susceptibilité, dont vous et les vôtres devez vous honorer, et que, malheureusement, on ne comprend pas partout, — puisqu'au point de vue de vos intérêts, on vous en a fait le reproche, — vous n'avez pas voulu devenir ou même paraître devenir le complice de vos adversaires dans l'injustice criante qu'ils ont exercée contre M. Seheult. Quelle que soit l'issue de votre méchante et triste affaire, vous avez bien fait; mieux vaut s'exposer à la ruine qu'au déshonneur. Je crois être ici le fidèle interprète des sentiments de nos concitoyens, en vous félicitant sincèrement de la résolution que vous avez prise (1).

(1) Les mêmes personnes qui, dans un intérêt bienveillant que l'on ne peut suspecter, avaient fait ce reproche à M. Garreau, donnèrent à lui et à sa femme le conseil de se séparer de biens pour se mettre, jusqu'à certain point au moins, à l'abri des chances périlleuses de cette affaire. A quoi ils répondirent qu'ils étaient à l'avance préparés à tout événement, excepté à une pareille

» Après avoir acquis cette preuve, pour moi si certaine, que les prix accordés pour les travaux de la cathédrale de Nantes, sont, malgré les difficultés de l'exécution, au-dessous des prix des grands travaux publics ordinaires, je me suis demandé à quoi bon cette détestable chicane des attachements, dont l'existence, qu'on feint de méconnaître, se révèle dans les accusés de réception des préfets, des ministres et enfin dans les documents les plus authentiques.

» De deux choses l'une, ou les prix qui vous ont été accordés, sont exagérés, ou ils ne le sont pas ; toujours est-il qu'ils ont été définitivement arrêtés, et que le moyen le plus équitable et le plus juste de les apprécier, c'est de procéder par voie de comparaison, comme vous l'avez fait, comme M. Auger l'a fait lui-même.

» Il est vrai que M. Lassus admet, parfois, le même système pour soutenir, quant à certains prix, ceux de la pose des pierres, par exemple, qu'ils sont évidemment exagérés ; mais l'évidence encore ici ne prouve que le contraire de ce qu'il avance, et le prouve en signalant, de sa part, une déloyauté qui révolte, à la fois, la conscience et le bon sens.

» Ainsi et quant à ce premier grief, que fait M. Lassus ?... Il commence par poser un chiffre, purement

extrémité, et que, plutôt que d'y recourir, ils préféreraient, en cas de sinistre, recommencer à travailler comme ils l'avaient fait au début de leur carrière. On m'en parla, et je répondis carrément que j'applaudissais du fond du cœur à cette résolution de M. et de Mme Garreau, tout d'abord, parce qu'elle était honorable, et ensuite parce que, au point de vue même de leur intérêt, cette mesure qu'on leur conseillait de prendre, serait, à mon avis, un préjugé défavorable contre eux.

imaginaire, 13 fr. 05 au lieu de 10 fr. 13, prix réel de la pose des pierres porté dans les décomptes; puis, pour signaler l'exagération du chiffre qu'il vient d'exagérer lui-même, il le compare au prix le plus bas de Paris, sans tenir aucun compte des différences résultant de la nature et de la difficulté des travaux. M. Lassus fait plus encore, et c'est ici que se révèle, dans tout son jour, cette tactique d'audacieuse improbité qui ne recule devant aucun moyen. Il sait à n'en pouvoir douter que sept prix divers sont alloués pour la pose des pierres, en raison des difficultés qu'elle présente, et des dépenses plus ou moins fortes qu'elle nécessite. Il opère avec le tableau de ces divers prix sous les yeux. Eh bien! au lieu de prendre la moyenne sur tous les prix de pose des pierres de différente nature employées aux travaux de la cathédrale, il la prend sur *trois prix seulement et les plus élevés*, dont le tiers lui donne pour résultat son chiffre imposteur de 13 fr. 05.

» Voilà la preuve mathématique que M. Lassus ose présenter à l'appui de son assertion, qui n'est autre chose, pour tout homme sensé, qu'une preuve d'indigne déloyauté et de grossière maladresse.

» Après le reproche d'exagération dans les prix de pose, vient celui du prix de granit. On ne peut rien ajouter à ce qui a été répondu à ce second grief, par M. Seheult et par M. Auger. Il est, à mon avis, parfaitement démontré qu'ici, comme ailleurs, les intérêts de l'administration ont été sauvegardés avec le plus grand scrupule.

» Mais ce que je ne savais pas, et ce que vous m'avez appris, c'est qu'en admettant le grief dans toute sa portée, la différence des prix ne peut se calculer que sur 11^{m} 570, ce qui réduit l'exagération dont on fait tant de bruit à 69 fr. 42! Chiffre que je n'ai pas trouvé dans vos mémoires, et que mon imagination avait singulièrement exagéré, tant il est ridicule et peu supposable qu'on puisse en faire la matière d'un grief aussi longuement développé.

» La même observation s'applique au troisième grief, relatif à la charpente. Ici, je m'étais encore figuré que le reproche que vos adversaires grossissaient à dessein, devait s'escompter, à supposer qu'il fût fondé, par un débit important à votre charge. Et, pourtant, il est démontré, par le calcul le plus simple, qu'en l'acceptant tel quel et sans réfraction, la différence ne serait en réalité que de 528 fr., puisqu'il ne porte, comme je le vois dans la note que vous m'avez communiquée que sur 25^{m} 849 millimètres cubes bois de chêne.

» Il est évident que vos adversaires n'insistent aussi longuement sur ce prétendu grief, que dans l'espoir de faire illusion.

» Sur le quatrième grief, relatif aux doubles bénéfices du dixième qu'on vous reproche d'avoir fait, on ne peut rien imaginer de plus astucieux et de plus perfide que l'attaque de MM. Lassus et Durieu. Ils savent que le fait qu'ils avancent, n'existe pas. La preuve qu'il est complétement faux se démontre par la vérification la plus simple des pièces qu'ils ont sous les yeux, et cette vérification, ou ils la font sans en tenir aucun compte, ou ils la négligent à dessein, pour s'arrêter à des citations inexactes ou incomplètes; puis procédant, à défaut de preuve, par voie d'insinuation, ils ont l'impudeur d'adresser à un homme honnête le reproche de *fraude subtile*, qu'on peut si bien et si justement leur imputer à eux-mêmes.

» Et ce monstrueux préjudice, causé à l'administration, et dont elle ne s'était jamais aperçu avant le mouvement réparateur de 1848 et l'enfantement de la commission spéciale qui l'a suivi; dont elle ne se serait jamais avisée sans l'investigation *consciencieuse* de MM. Lassus et Durieu, à combien s'élèverait-il sur l'ensemble des travaux, s'il était vrai qu'il existât? A 3,113 fr. M. Auger, en réfutant ce grief, fait très-judicieusement remarquer le soin que prennent vos adversaires de dissimuler la valeur chiffrée des griefs qu'ils vous reprochent.

» Quant au cinquième grief, affirmant qu'il n'a pas été tenu d'attachements réguliers, comment oser soutenir un pareil fait, en présence 1° des états fournis par l'architecte constatant, entr'autres détails, les heures de travail de chaque ouvrier par mètre cube de chaque nature de dépenses; 2° des décomptes annuels vérifiés par le conseil des bâtiments civils et approuvés par le ministre; 3° enfin, des accusés de réception, en termes si précis, de toutes les pièces à l'appui de ces décomptes et notamment des *attachements d'expériences*?

» En présence de tant de preuves si positives et si authentiques, comment ajouter la moindre créance à l'assertion contraire ? Et comment ne pas reconnaître encore ici le système continu de perfidie de vos adversaires, qui, ayant en mains toutes ces pièces, s'emparent des états mensuels introduits par M. Seheult, comme surcroît de précautions, et pour plus de régularité dans la comptabilité, pour s'en faire une arme contre vous et contre lui ?

» Eh bien ! je dis, et tout homme sensé le reconnaîtra comme moi, que si de pareilles preuves n'étaient pas admises, il n'y aurait pas plus de sécurité pour le débiteur, qui représente une quittance pour constater un paiement ; pour le négociant, qui excipe d'un engagement écrit pour l'exécution d'un marché, que pour l'entrepreneur, qui traite avec le gouvernement dans les conditions où vous avez traité ; j'ajoute qu'en fait de travaux publics, il n'y aurait pas de marchés possibles en face de pareilles éventualités.

» Reste le sixième grief, littéralement extrait du rapport de M. Durieu, dont M. Fabre donne l'avant-goût dans son exorde, et qu'il présente, en fin de compte, sous forme de conclusion, parce qu'en effet, il résume toute l'affaire. C'est le bouquet d'artifice, c'est le gros pétard ; c'est dans la forme tout ce qu'on peut imaginer de plus audacieux et de plus incroyable, c'est au fond tout ce qu'il y a de plus creux, de plus ignoble et de plus insensé. J'en ai parlé au commencement ; mais puisque je le rencontre ici sur mon chemin, je vais encore en dire un mot.

» A part les commentaires et tout artifice de langage, voici le fait dans toute sa vérité :

» Deux hommes, dont la réputation est parfaitement établie, dont la probité, depuis longtemps connue, ne laisse aucun doute dans l'opinion bien arrêtée de tous les honnêtes gens, opinion corroborée dans cette circonstance par l'attestation des noms les plus honorables; deux hommes, dis-je, sont accusés, contre toute vérité, contre toute vraisemblance, d'avoir pactisé pour dilapider ensemble les deniers publics, par abus de confiance et une longue suite de supercheries. Pour ce prétendu grief, que repoussaient le simple bon sens et les preuves les plus solides, qui n'existe pas même dans l'opinion des accusateurs, on invoque contre eux l'application de l'art. 1116 du Code Napoléon, ni plus ni moins!

» Le premier accusateur, quel est-il? M. Lassus qui, dans cette déplorable affaire, se recommande lui-même, par deux conduites et des rapports parfaitement contradictoires, et dont l'honorabilité est, au surplus, attestée par M. Durieu, alors directeur de l'administration des cultes, dans un mémoire dont les arguments et les chiffres sont exactement empruntés au dernier rapport de cet architecte.

» Pour avoir la mesure du degré de confiance que méritent les éloges et les critiques de M. Durieu, qui a le malheur de se trouver en opposition avec tout ce qu'il y a de plus honorable, de plus consciencieux et de plus éclairé dans la vie publique et privée, il serait bon de savoir au juste ce qu'il vaut lui-même; et, sans pousser l'investigation trop loin, peut-être en trouverait-on le secret dans certains actes de procédure, et aussi dans la mesure qui l'a subitement déshérité de la haute position qu'il occupait, et, par suite, l'a frappé dans son influence et dans son crédit.

» Voilà les deux hommes qui vous accusent !

» Quant à leurs arguments, les voici :

» Vous avez dilapidé les deniers publics, vous disent-ils, en réalisant des bénéfices incroyables, et, par conséquent, illicites et frauduleux; et la preuve, c'est que les prix, longuement débattus, il est vrai, entre vous et l'Administration, et qu'elle a définitivement approuvés, *sont exagérés*. Pourquoi sont-ils exagérés ? Parce qu'ils dépassent les plus bas prix des travaux de *constructions particulières* auxquels nous les avons comparés. Vous avez dilapidé les deniers publics, parce que, dans vos comptes, vous avez fait article de dépenses, réellement faites et régulièrement approuvées par l'Administration, mais qu'il ne nous a pas plu, à nous, d'admettre, et vous devez savoir pourquoi. Vous avez subrepticement, et par une longue suite de *dissimulations profondes (sic)*, surpris la religion de vos préfets, des membres du conseil des bâtiments civils, des ministres et de toute la bureaucratie, pendant bientôt dix ans; ce qui prouve péremptoirement qu'avant notre arrivée aux affaires, nous, Lassus et Durieu, les préfets, les ministres et tous leurs auxiliaires, n'ont vu, ni su ce qu'ils faisaient. Enfin, vous avez la réputation d'honnêtes gens, c'est vrai, mais que nous importe à nous Lassus et Durieu ?

» Voilà, à peu près, si je ne me trompe, le résumé de l'accusation.

» A ce raisonnement si *judicieux* et si *équitable* de vos adversaires, vous répondez qu'il est souverainement inique de retrancher arbitrairement des articles de dépenses parfaitement justifiés et approuvés; qu'il n'est pas plus équitable de comparer les prix des travaux d'une cathédrale à ceux alloués pour des travaux ordinaires; enfin, que ce qui fait ressortir le ridicule des prix fixés par MM. Lassus et Leblond, c'est qu'on les trouve, en beaucoup de cas, de 40 0/0 au-dessous des prix accordés par le Génie et les Ponts-et-Chaussées, et que, comparés à certains édifices de Paris, cette différence pourrait être de 100 0/0.

» Vous démontrez ensuite, par la décomposition la plus minutieuse des dépenses faites depuis 1839 jusqu'à 1844, que, si les suppressions et les réductions de prix proposées par MM. Lassus et Durieu étaient admises, il ne resterait rien pour la valeur des journées d'ouvriers employés à la confection et à la mise en œuvre des matériaux; de plus, que l'entrepreneur serait constitué en perte d'une grande partie de ses déboursés pour achat de matériaux, et, à plus forte raison, de tous ses bénéfices pendant cette période de six années.

» Vous ajoutez, enfin, que tous les comptes de cette période ont été réglés par décision ministérielle du 12 septembre 1846. Que faut-il de plus, je le demande à tout homme de bonne foi et de bon sens ?

» Sur les faits de cette première période, comme sur ceux qui se rattachent à celle de 1845 à 1848, il n'est pas possible de rien ajouter aux renseignements si précis et si complets qui ont été donnés par MM. Seheult et Auger, et dont votre habile avocat, dans une argumentation aussi logique que précise et claire, a tiré un tel parti qu'elle n'a été et ne sera victorieusement réfutée sur aucun point.

» En présence de ces faits si bien expliqués, de ces faux calculs si bien redressés, il ne peut rester aucun doute, dans l'esprit de tout homme sérieux et impartial, sur la loyale exécution de vos marchés et sur les intentions malveillantes de vos adversaires, qui, quelque chose qu'ils fassent, ne pourront jamais se soustraire au reproche mérité d'avoir calomnié d'honnêtes gens, avec les circonstances aggravantes d'une longue préméditation, et en vue de satisfaire une basse cupidité, trompée plus tard dans sa première attente.

» Voilà, mon cher monsieur Garreau, pour la partie morale de votre affaire, le compte-rendu de mes impressions; elles seront, je n'en doute pas, partagées par tous ceux qui, comme moi, auront la patience de lire et de réfléchir, en se plaçant, comme je l'ai fait, dans la position d'un juré, bien décidé à éclairer sa conscience avant de prononcer son verdict.

» Reste la question de droit, se rattachant à la fin de non-recevoir que vous plaidez aujourd'hui devant le Conseil d'Etat, question déjà parfaitement élucidée par la consultation de l'habile jurisconsulte à qui vous avez confié le soin de votre défense. A part les arguments de droit et le fait d'une jurisprudence bien établie, qui réduisent à néant la prétention de soumettre les décisions ministérielles ayant créé des droits acquis, à la juridiction des conseils de préfecture, et en soumettant encore ici cette question de droit à l'appréciation du simple bon sens, il est aisé de reconnaître que, si l'opinion du conseil de préfecture de Nantes pouvait prévaloir, on ne trouverait pas un entrepreneur qui pût traiter, avec quelque sécurité, avec le gouvernement, et réciproquement. Car, une fois admis que l'administration peut revenir sur des marchés conclus, et sur des comptes arrêtés, et définitivement approuvés, il faudrait bien admettre que l'entrepreneur en pourrait faire autant. On voit, tout de suite, où pourrait conduire un pareil système, si la jurisprudence venait à lui prêter son appui, et, on peut demander à vos adversaires, eux-mêmes, où ils en seraient, si ce système, qu'ils cherchent à faire prévaloir contre vous, venait à se retourner contre eux.

» Le Conseil d'Etat est trop éclairé, soyez en sûr, pour consacrer, par un arrêt, une jurisprudence aussi subversive, et, d'ailleurs, si contraire à tous ses précédents. Il est trop juste, aussi, pour vouloir que vous soyez victime de cette infernale intrigue, dont le conseil de préfecture a su faire bonne justice, sous le rapport de l'appréciation des hommes.

» En résumé, mon cher monsieur Garreau, il est démontré, jusqu'à la dernière évidence, que l'honorable M. Seheult, qui représentait l'administration, a rempli, avec tous les soins de la scrupuleuse loyauté qu'on lui connaît si bien, le mandat qui lui était confié; il est également démontré que vos marchés ont été exécutés avec cette même loyauté; que ces marchés, et les comptes qui en sont la suite, ont été approuvés par l'administration après un mûr et long examen, et que, par conséquent, le reproche de dol et de fraude, qu'on vous adresse, est aussi faux qu'il est absurde. D'un autre côté, il n'est pas possible d'admettre, comme je viens de le dire, que le Conseil d'Etat, et à plus forte raison un conseil de préfecture, puisse annuler les décisions ministérielles, qui ont créé des droits acquis, et, par conséquent, ayant toute l'autorité de la chose jugée.

» Voilà, mon cher Monsieur, ce que je crois, ce que je pense sur votre affaire. Mon opinion, je le sais bien, ne peut rien ajouter à vos moyens de défense et n'aura aucune influence sur la décision que vous attendez; aussi l'aurais-je exprimée en termes plus concis, si je n'avais éprouvé, pour moi-même, le besoin de vous la donner tout entière, et comme un témoignage de sympathie pour deux hommes honorables indignement calomniés.

» Recevez, mon cher monsieur Garreau, l'assurance de ma haute estime et de mon affectueux dé-ouement.

» *P.-S.* — Il serait bien essentiel que toutes les pièces concernant votre affaire, fussent mises sous les yeux de MM. les membres du Conseil d'Etat. Je suis amené à vous faire cette recommandation, parce qu'il m'est revenu qu'elles ont été produites d'une manière fort incomplète devant le conseil de préfecture. Tâchez aussi d'appeler l'attention sur les lettres de nos anciens préfets, notamment celles de MM. Maurice Duval et Chaper, sur celle de mon honorable ami et ancien collègue Bignon, à votre avocat. Au Conseil d'Etat, comme partout ailleurs, on doit apprécier la valeur d'attestations si positives et si bien senties, quand elles émanent de pareilles sources.

» J'insiste, en terminant, sur la nécessité d'une communication de toutes les pièces du procès au Conseil d'Etat ; d'abord, parce qu'il vous importe que la lumière se fasse dans une affaire où tous les faits et tous les chiffres ont été impitoyablement dénaturés et tronqués par vos adversaires, et, ensuite, parce que je suis convaincu que M. le ministre, qui ne peut tout voir, ni tout faire par lui-même, a été et continue d'être dupe d'une intrigue, qui paraît avoir, sans qu'il s'en doute, des ramifications tout près de lui.

» Si vous pouvez obtenir que cette communication soit entière, je ne doute pas un instant de votre succès le plus complet devant le Conseil d'Etat. Autrement, je dirais, comme mon honorable ami Bignon : « Dans quel temps vivons-nous donc, mon Dieu ! »

Telle est la lettre que j'écrivais à M. Garreau, le 31 juillet 1852. Cette lettre, sur l'avis de M. Colombel, fut immédiatement expédiée à Paris, à M. Huet, avocat de M. Garreau, qui, dans les termes les plus obligeants, m'en fit remercier par celui-ci. (Voir la lettre de M. Huet, en date du 13 août.) Elle fut aussi communiquée à MM. Maurice Duval et Bignon. Voici en quels termes ce dernier s'exprimait : « J'ai lu, avec autant d'attention que d'intérêt, les différents documents que vous m'avez transmis, et, particulièrement, la première lettre de mon honorable ami M. Jollan, qui me paraît s'être parfaitement identifié avec l'inconcevable position qu'on vous a faite : le résumé de son opinion, sur les pièces du procès que vous avez soumises à son examen, est un excellent mémoire, qui peut, à lui seul, produire beaucoup d'effet sur vos juges. »

Ces messieurs jugeant ensemble que cette lettre pouvait servir de réponse au dernier mémoire du ministre, et surtout jeter un grand jour sur la moralité de l'affaire, on me fit demander la permission de la faire imprimer. Voici, à ce sujet, ce que m'écrivait M. Garreau :

« Je vois que vous ne serez pas à Nantes d'ici » quelque temps. Je prends le parti de vous écrire, » pour vous demander l'impression de la lettre que » vous m'avez fait l'honneur de m'adresser, le 31 » juillet dernier, de votre campagne. Vous connais- » sez l'opinion de ces messieurs de Paris ; elle n'ad- » met aucun doute sur sa valeur ; en outre, je l'ai » communiquée à M. Raguideau, de l'Evêché, qui » sort à l'instant de chez moi, et son avis est en tout » semblable à celui de ces messieurs, qu'il ne con- » naissait pourtant pas. Aussi, voulait-il que je par- » tisse de suite, pour vous demander l'autorisation de

» l'imprimer. Voyez, dans votre sagesse, ce que vous » voulez que je fasse. J'attends vos ordres pour cela. »

Je répondis aussitôt que je pensais, sans aucune affectation de modestie, qu'elle serait mieux à sa place dans le dossier de l'affaire, où elle figurerait à titre de renseignement.

En répondant ainsi, je pensais que ma lettre avait peut-être été acceptée avec une précipitation trop empressée, par les amis de M. Garreau, et je n'avais (je le dis avec la même franchise que j'apporte dans ce récit), d'autre crainte, si j'en autorisais la publication, que de priver M. Garreau d'une argumentation beaucoup plus sérieuse et plus complète de son habile et si dévoué défenseur, M. Huet. Ce fut là toute ma pensée, qui, comme je l'ai suffisamment démontré dans le cours de cette affaire, ne pouvait être arrêtée par la crainte de combattre, en mon nom personnel et au grand jour, pour une aussi bonne cause, à laquelle je m'étais, je puis le dire, dévoué corps et âme.

La situation, à cette époque, devenait de plus en plus grave et d'autant plus menaçante pour M. Garreau, qu'il était fortement question de la révocation de l'honorable M. Maillard, président de la section du contentieux, renommé par ses lumières, son indépendance et sa haute probité. Ce magistrat appréciait l'affaire comme elle devait l'être (ainsi que l'attestent ses lettres au ministre que je viens de citer), et sa retraite, qui ne tarda pas à avoir lieu, ne pouvait être que très-contraire aux intérêts de M. Garreau.

Les amis de celui-ci en furent consternés, et leur

triste pressentiment sur l'issue de l'affaire, s'accrut encore par la retraite de MM. Reverchon et Cornudet, nommés successivement rapporteurs sous la présidence de M. Maillard, et qui, déjà, avaient pu l'étudier assez, pour faire espérer qu'elle ne tarderait pas à recevoir la solution si impatiemment attendue.

Tout était donc remis en question, par la retraite inopinée du président et des rapporteurs de la section du contentieux qui avaient déjà connu de l'affaire, laquelle, au lieu de marcher vers sa fin, venait de faire un grand pas en arrière.

Inutile de rappeler ici tous les commentaires que ce triste incident fit naître ; je me bornerai simplement à dire qu'il fut considéré par beaucoup comme étant le résultat d'une intrigue de nos puissants adversaires, qui pressentaient une opinion défavorable à leurs prétentions, surtout depuis l'insistance, devenue presque impérative, du président auprès du ministre, pour obtenir, aux termes de la loi qu'il citait dans sa dernière lettre de rappel, les pièces qu'on s'obstinait à ne pas produire à la section du contentieux. Je citerai ensuite, soit dans leur entier, soit par extrait, ou par voie d'analyse, quelques lettres des amis de M. Garreau, qui se montraient vivement préoccupés de cette nouvelle situation.

Au nombre de ceux-ci, le vénérable abbé Raguideau, custode de la cathédrale, écrivait, avant d'avoir appris la nouvelle de la retraite dont je viens de parler (le 10 mai), les lignes suivantes, où se trouvent dépeintes, en termes si chaleureux, l'impatience et le tourment que lui faisaient éprouver les entraves de toutes sortes et sans cesse renouvelées, dont on entourait cette affaire.

« Hélas ! hélas ! mon cher monsieur Garreau, écrivait le bon abbé Raguideau, qu'êtes-vous donc devenu ? Qui donc vous paralyse ? Et quand donc notre tour au Conseil d'Etat ? Oui, c'est un mystère pour moi que cette lenteur, que ces obstacles invincibles qui empêchent d'avancer. Comment, on ne peut faire aboutir ce maudit cancer qui nous ronge depuis trois ans et demi ! J'en suis presque malade d'impatience ; je ne cesse d'y penser, j'en parle à tout le monde et j'y perds tout mon latin. »

M. Garreau, en me transmettant à ma campagne où j'étais alors, une note sur l'un de ses persécuteurs les plus acharnés, M. Durieu, me faisait connaître, lui-même, les inquiétudes et les tourments auxquels il était en proie. Pour en donner une juste idée, je ne puis mieux faire que de citer sa lettre en son entier.

« Paris, le 7 août 1852.

« Monsieur Jollan, j'attends toujours pour vous écrire à savoir plus. Je sais, malheureusement pour M. Seheult et pour moi, que l'attaque reprend avec plus de fureur, et que rester à dormir, c'est courir le risque de ne plus se réveiller. Quelle persécution ! Aussi, dit-on ici, cette affaire prend des proportions considérables. S'il vous vient quelques bonnes idées, faites-m'en part, je vous prie. Je n'en ai jamais eu si grand besoin, je vous l'assure. Il faut que tous ces coquins aient grand peur, d'après tout ce que je vois et tout ce que j'entends autour de moi, et les précautions que l'on prend. Voyez ma position : je ne suis pas homme de plume, et il faut que je réponde à tout et vite, le moindre retard m'est fatal ou le serait. Comme vous le voyez, voilà une existence qui ne peut être enviée de personne; aussi, parfois, quand je vous écris ce qui se passe autour de moi, je ne sais si je suis bien moi, tant j'entends dire et affirmer des choses absurdes. Malgré ma force, j'ai peine à résister à tant d'attaques incessantes et se présentant sous toutes les formes; j'ai devant moi des ennemis insaisissables, j'ose dire, qui attaquent sans cesse et se dérobent aux coups, tandis que moi, je ne puis en éviter aucun. Aussi suis-je meurtri de toutes parts ! Tenir tête à ses ennemis et rassurer ses amis est chose lourde, je vous l'assure.

» Je suis avec respect. »

Cette lettre de M. Garreau rendait, en termes simples et précis, un compte parfaitement exact de sa triste situation. En effet, en face d'une attaque aussi audacieuse et aussi persévérante, dans laquelle l'argument de la veille était usé par l'attaque du lendemain, il fallait être constamment sur la brèche, veiller et combattre sans cesse; il n'y avait pas de circonstances atténuantes en faveur d'une périlleuse apathie, et, comme il le disait très-bien, rester à dormir, c'était courir le risque de ne plus se réveiller.

J'en étais convaincu et vivement impressionné moi-même, et autant pour affermir son courage que le mien contre des inquiétudes que je partageais, je sentis le besoin d'y faire diversion, en acceptant, comme étant de bon augure, la situation, jusqu'à présent ignorée, de son puissant adversaire qu'il me faisait connaître. Voici ma réponse que je transcris, pour bien faire apprécier l'homme auquel nous avions affaire et qui, dans un libelle infâme, attaquait, sous le masque de l'hypocrisie la plus honteuse, la probité et l'honneur de deux concitoyens justement estimés.

« Blain, le 10 août 1852.

» Mon cher monsieur Garreau,

» Je viens de recevoir la petite note que vous m'avez transmise sur l'ex-directeur de l'administration des cultes. Elle est la preuve que je ne me suis pas trompé dans mon appréciation des hommes auxquels vous avez eu affaire.

» Comment ! cet *honorable* M. Durieu, alors qu'il vous accusait d'avoir éludé tous vos engagements avec l'administration, d'avoir dilapidé les deniers de l'Etat ; alors qu'il signalait à l'autorité supérieure tant de prévarications de votre part, et constatait, par une heureuse antithèse, l'honorabilité de MM. Lassus et Leblond ; alors qu'il déplorait, dans sa mansuétude, d'être obligé, *par devoir de conscience*, d'appeler sur vous cette sévérité qu'il vous avait mis à même d'étouffer *dans le cercle d'un débat intime ;* alors enfin que, du haut de son siége de directeur improvisé de l'administration des cultes, il fulminait anathème et mettait en interdit ministres, préfets, députés, évêques et tous ceux qui vous prêtaient appui; alors qu'il faisait tout cela, il descendait humblement de sa haute position pour comparaître, aux jours, mois et ans indiqués, devant le tribunal de commerce, et s'entendre condamner à acquitter, sous peine d'y être contraint par corps, des obligations commerciales! A la bonne heure! j'aime les physionomies qui se dessinent; seulement je regrette que celle de votre *noble adversaire* ne se soit pas montrée plus tôt. On sait, au moins, à quoi s'en tenir, et c'est ce qui fait qu'on peut, à coup sûr, répéter aujourd'hui la phrase extraite du rapport de M. Durieu, et que voici :

« Un pareil trait se qualifie lui-même et qualifie » toute une affaire. »

» J'ajoute, par allusion à une autre phrase du même rapport, que l'homme se trouve aussi qualifié.

» M. Durieu, en signalant de prétendues manœuvres et des fraudes dont son *extrême délicatesse* est alarmée, accuse d'*affectation hypocrite* l'homme qui répond, par des explications franches et loyales, aux demandes de l'administration.

» *Affectation hypocrite!* le mot est joli dans la bouche de M. Durieu. Quel soufflet pour Bazile! Il se croyait passé maître, et, pourtant, il n'a rien inventé de pareil; ce qui prouve qu'au temps de Beaumarchais, nous étions encore dans l'enfance de l'art.

» Mais comment se fait-il que M. Durieu fût à la fois

directeur de l'administration des cultes et industriel ou négociant ? C'est ce que je ne m'explique pas plus que la position d'un architecte *militant* qui appartiendrait, de près ou de loin, à la commission *réformatrice* des édifices diocésains. Il y a, dans l'un et l'autre cas, une incompatibilité d'humeur et de principe qui saute aux yeux. Evidemment, M. Durieu ne pouvait agir en son nom personnel dans les affaires pour lesquelles il a souscrit des obligations commerciales. Il menait donc ce que nous appelons ici le métier de marron. Un directeur de l'administration des cultes marron ! Mais c'est à n'y pas croire.

» En vérité, mon cher monsieur Garreau, plus je vois votre affaire, moins je m'explique qu'elle ait pu arriver au point où elle en est, en face de pareils adversaires, mais plus aussi je persiste dans l'idée que vous touchez enfin à une juste et heureuse solution. Je vous l'ai dit et je vous le répète, il ne me paraît pas possible, si votre affaire est étudiée, que justice éclatante et complète ne vous soit pas rendue.

» Votre tout dévoué. »

Malgré les inquiétudes que me causa la crainte d'un changement dans le personnel de la section du contentieux, plus menaçant encore pour la cause de M. Garreau, que ne l'avait été la destitution si injuste et si outrageante de M. Seheult, je n'éprouvais encore que le mal de la peur, modifié par l'espérance qu'un acte de cette nature, dont le motif ne pouvait être ignoré, n'aurait pas lieu.

Cette espérance fut bientôt déçue par la lettre de

l'avocat de M. Garreau, datée de Paris du 13 août, dans laquelle il lui dit :

« Voilà bien des changements. MM. Maillard, Cornudet et Reverchon ne font plus partie du Conseil d'Etat. MM. de Cormenin et Persil y sont entrés. M. Boudet remplace M. Maillard, comme président du comité du contentieux; c'est lui qui va vous désigner un nouveau rapporteur. Peut-être ferez-vous bien de venir d'ici huit ou dix jours, pour causer de tout cela. »

Sentant, plus que jamais, la nécessité de tenir en haleine les hommes qui lui avaient déjà prêté l'appui de leur talent, et craignant que M. Auger ne vînt à déserter sa cause, comme cela était arrivé à l'égard de l'un de ses collègues d'un égal mérite, M. Garreau jugea à propos, sur l'avis de M. Maurice Duval, de lui faire remettre ma lettre du 31 juillet, pour savoir, après en avoir pris connaissance, l'impression qu'il en aurait ressentie et s'assurer de ses dispositions pour l'avenir.

Voici, en ce qui concerne cette communication, la réponse que M. Garreau reçut de M. Auger, sous la date du 19 août.

« J'ai reçu copie des deux lettres de M. Jollan dont l'une est un véritable rapport.

» La lecture de cette pièce m'a fait un plaisir qui n'a pas été pour moi sans quelque surprise, car je ne pouvais pas croire qu'une personne, pour ainsi dire étrangère à nos calculs et à nos appréciations, pût saisir, analyser et rendre les détails de votre affaire d'une manière tout à la fois si claire, si précise et si saisissante.

» Non-seulement je l'ai lue, mais je l'ai relue, et, à chaque fois, j'ai éprouvé un plaisir nouveau et bien réel. Vous savez que j'ai l'habitude de dire ce que je pense, et vous serez convaincu que ce que je vous dis ici est l'expression d'un sentiment vrai. Je crois que l'opinion publique serait complétement de cet avis, et j'apprendrais avec plaisir que cette pièce a été rendue publique, à Nantes surtout; elle formerait l'une des pièces importantes de votre affaire, avec la lettre de M. Bignon et vos documents.

» Je vous le répète, c'est un travail précis, juste, complet, et je ne regrette qu'une chose, c'est qu'il soit arrivé si tard. »

M. Auger terminait sa lettre en demandant à M. Garreau si j'étais à Paris, et lui exprimait le désir pressant de me voir pour s'entretenir de l'affaire avec moi.

Cette réponse nous rassura sur les bonnes dispositions de M. Auger, et c'était beaucoup dans la situation.

J'ai parlé de la nouvelle expertise du 30 mai à laquelle avaient été convoqués MM. Seheult et Garreau, qui, bien entendu, avaient évité ce nouveau piége, par un refus péremptoire d'y assister. Cette expertise dut être remplacée par un simple rapport au ministre, tout aussi défavorable à ce qu'espéraient les adversaires, que l'avait été celui du 29 janvier 1850 dont j'ai fait mention. On faisait ici ce qu'on avait fait en changeant d'avocat. L'opinion des premiers experts n'étant pas favorable à l'administration, elle en cherchait une autre pour la produire au Conseil d'Etat; mais la manœuvre n'a réussi ni dans l'un ni dans l'autre cas.

Voici à ce sujet ce qu'écrivait M. l'abbé Raguideau à M. Garreau, sous la date du 1er décembre :

« Mon cher monsieur Garreau,

» Oui, j'ai dit à M. Sehoult, l'autre jour, qu'un ordre était arrivé à Nantes de prendre toutes les précautions possibles pour conserver vos travaux de l'abside. Il paraît qu'il y a eu *un rapport qui les recommande comme très-bons à conserver*, et qui condamne la négligence qui les a laissés jusqu'ici exposés aux pluies et à la gelée... On va refermer tous les trous, enlever la partie supérieure, qui a pu être endommagée par la pluie et le grand air, couvrir le tout en chaux hydraulique, et y placer un toit en planches.

» Cet ordre indique que le rapport qui a été fait, a de nouveau constaté que *vos maçonnes étaient bonnes*, et qu'on pouvait bâtir dessus. Par là, se trouverait condamné le sentiment de ceux qui ont dit qu'il faudrait démolir ces fondations.

» Vous savez de quel cœur je suis tout à vous. »

Cette lettre indique bien des choses qui méritent d'être développées. Pourquoi le ministre, après avoir reçu le rapport sur l'expertise si minutieusement détaillée du 29 janvier 1850, vient-il, le 30 mai 1852, en demander une autre? Pour moi, comme pour tous ceux qui ont vu les choses de près, le vrai motif ne peut être un mystère. Il y avait deux raisons : la première, je l'ai déjà dit, c'est que l'on ne pouvait produire au Conseil d'Etat le rapport du 29 janvier 1850, si favorable à MM. Seheult et Garreau, sans se condamner soi-même; la seconde, c'est qu'on espérait que les travaux de l'abside, dont une partie était à fleur de terre, et qui avaient été, pendant plus de trois ans, exposés à toutes les injures de l'air et des pluies torrentielles de l'hiver 1852, auraient subi de fortes altérations dont on aurait pu tirer parti contre l'entrepreneur. Il est évident qu'on voulait, comme je l'ai déjà dit, recommencer le coup, après avoir perdu la partie.

Rappelons que, sur le cri de réprobation de l'Evêché et de l'administration, M. le ministre avait, par sa lettre du 25 novembre 1852, prescrit au préfet de faire exécuter les travaux nécessaires pour la conservation des fondations de l'abside, tels que assainissement du sol, dérasement des murs qui devaient être recouverts en chaux hydraulique et, de plus, d'une couverture provisoire en planches. Cet ordre du ministre fut immédiatement donné par le préfet et ne reçut aucune exécution.

Le préfet, en ayant été tardivement informé, s'en plaignit très-vivement, en demandant pourquoi l'ordre n'avait pas été exécuté. A quoi il fut répondu, le 12 janvier suivant, que *les pluies incessantes de l'hiver n'avaient pas permis de faire ce travail;* raison d'autant plus mauvaise, qu'à elle seule, elle indiquait le besoin de ne point retarder cette opération, qui, d'ailleurs, pouvait se faire dans quelques jours.

A l'arrivée à Nantes de M. l'inspecteur général Rainaud (25 juillet 1853), rien n'avait été fait; par conséquent, les fondations de l'abside étaient restées découvertes depuis la cessation des travaux de M. Garreau, fin de l'année 1849, c'est-à-dire à peu près pendant quatre ans.

Quelle était donc la puissance occulte assez forte pour résister aux ordres du ministre et à ceux plus pressants encore du préfet? Celle-là même qui a commencé l'attaque et veut la continuer jusqu'à sa fin. Ce fait si patent ne vient-il pas à l'appui de ce que j'ai dit des intrigues et de l'omnipotence de M. Lassus, si bien secondé par M. Durieu, et de la facilité qu'on avait, et dont on usait si largement, pour tromper tous les ministres qui se sont succédé dans cette longue période de l'affaire de la cathédrale?

Au sujet de l'abside tant menacée, rappelons encore que M. l'abbé Vrignaud écrivait à M. Garreau qu'il la sauverait en dépit des Vandales, et que, pour prix de ses efforts, son nom serait gravé sur la grande pierre qui serait placée au milieu. C'est à cette même occasion que l'un des adversaires les plus passionnés dans le débat contre M. Garreau, disait, en sa présence, à M. Durieu: *Voilà cet homme qui a osé enfreindre les ordres si précis que vous et M. Lassus aviez donnés, en appliquant à des travaux condamnés* (ceux relatifs à l'abside), *les crédits qui devaient avoir une destination toute contraire* (c'est-à-dire le remblai de ses fondations).

A quoi je répondais plus tard, et lorsque l'horizon

devint moins sombre : « Il y a tout lieu d'espérer que la prédiction de M. l'abbé Vrignaud se réalisera, et qu'en se sauvant M. Garreau sauvera l'abside. » C'est précisément ce qui est arrivé.

Le 14 décembre, parut la réponse de M. Garreau, au mémoire du ministre du 16 avril, sur lequel portaient les observations contenues dans ma lettre du 31 juillet. Comme je l'avais bien pressenti, ce document, émané de la plume du savant et habile avocat de M. Garreau, ne laissait debout aucun des arguments de l'attaque et semblait être désormais le dernier mot du débat, le signal du jugement qu'on invoquait depuis si longtemps et avec tant d'instance.

Mais non; à cette attaque inouïe, qui, comme le serpent blessé, se plie et se replie en tous sens et cherche à mordre, il restait encore bien des moyens que nous aurons à combattre, au nombre desquels il faut en signaler un de premier choix.

Voici ce que M. Maurice Duval écrivait, le 21 décembre, à M. Garreau, au sujet de l'impression du dernier mémoire dont je viens de parler :

« L'impression de votre défense nouvelle à 250 exemplaires est parfaitement inutile; 100 au plus, voilà où vous devez vous en tenir. Il ne serait pas bon d'en faire une trop grande distribution dans ce moment. Tâchez surtout que le public et la presse ne s'en occupent pas : cela irait mal avec ce que l'on veut faire croire au Conseil d'Etat, *que c'est plutôt une affaire contre le ministre des cultes et le gouvernement*, que celle si légitime d'un intérêt qui se défend. »

Que dire d'un pareil moyen, qui, dans l'ombre, fut pratiqué contre les défenseurs officieux de M. Garreau et l'aurait été, à coup sûr, publiquement, si nos adversaires n'avaient redouté une polémique qui les eût écrasés sous le poids de leur iniquité ?

L'un de mes plus regrettables amis me dit confidentiellement, à cette époque, qu'il venait d'être averti qu'il courait le risque de compromettre sa haute position à la Cour des comptes, s'il continuait de prêter son appui à la défense de M. Garreau [1]. Pour mon compte, je fus plusieurs fois averti de cette menace de dénonciation publique, à laquelle je répondis par plusieurs défis, qui parvinrent à leur véritable adresse. Elle était, suivant moi, d'autant moins à craindre, que nos adversaires, qui, jusqu'à présent, étaient restés cachés sous le manteau du ministre, pour jouer le rôle de coquins honteux, ne consentiraient pas à quitter leur retraite pour se montrer au grand jour.

On voit combien était vrai ce que m'écrivait M. Garreau, arrivé à Paris sur l'invitation de son avocat, « que son affaire l'inquiétait plus que jamais ; qu'elle avait pris des proportions considérables et qu'on ne savait plus comment il en pourrait sortir. »

Il se trouvait, en effet, d'un côté, en face d'adversaires plus acharnés que jamais, dont les intrigues avaient jusque-là secondé tous les efforts, et qui regardaient leur triomphe comme tellement as-

(1) Voir aussi, pour la confirmation de ce fait, la lettre de M. Bignon à M. Huet, avocat, du 31 mars 1853, portée à la Note supplémentaire.

suré, qu'ils le proclamaient d'avance et comme une œuvre de *légitime réparation.*

D'un autre côté, et comme seul point d'appui, des hommes toujours dévoués, mais profondément attristés, dont l'énergie s'était usée dans une lutte déjà bien longue et qu'ils regardaient désormais comme étant trop inégale, pour qu'elle pût être soutenue avec quelque chance de succès.

---

§ VI. — 1853.

Singulier contraste. M. Garreau, poursuivi à outrance au nom du ministre, est nommé maire d'une commune du département (3 janvier). — Retour à Nantes de M. Garreau (3 avril). — Il repart pour Paris le 18, et je vais l'y rejoindre le 29 du même mois. — 1er mai, réunion chez M. Maurice Duval. — Le lendemain, audience de M. le président du Conseil d'Etat, où je me présente accompagné de M. Ferdinand Favre, maire de Nantes et député. — Nouvelle tactique des adversaires de M. Garreau. — Attaque sur les prix. — Le président de la section du contentieux écrit au ministre, pour avoir l'avis de la commission diocésaine et du conseil des bâtiments civils sur cette discussion des prix. — Il demande en même temps la production des pièces vainement réclamées par son prédécesseur, et que, pour cette fois, il indique par une désignation sommaire. — Singulière réponse du ministre (3 juin, *en retard d'un mois et demi).* — Dans cette situation qui, désormais, paraît à l'abri de tout danger, je m'apprête à quitter Paris. — Lettre de M. Huet, qui m'y retient au moment du départ. — Visite chez M. Grillon, inspecteur général des bâtiments civils. — Notre entretien et son résultat. — Je prends congé de M. Huet, qui me recommande un nouveau travail. — Mon départ de Paris (8 juillet). — M. Garreau

retourne à Paris et remet ce travail à son avocat. — Lettre de celui-ci, par laquelle il m'en accuse réception. — De retour à Nantes, j'avais écrit à M. Chapper, notre ancien préfet. — Sa réponse, trop flatteuse pour moi, mais à coup sûr très-remarquable au point de vue de l'affaire. — Lettre plus qu'étonnante du ministre au président de la section du contentieux (15 octobre). — Autre lettre de M. Huet (30 octobre), dans laquelle il se montre assez vivement préoccupé de cette nouvelle intrigue. — Dans cette situation, une recommandation près d'un grand personnage est offerte à M. Garreau. — M. Huet me presse pour faire agir de ce côté. — Mon opinion est contraire, et j'y persiste. — L'attaque est désormais réduite à ne contester qu'un seul prix. — Lettres de MM. Bignon et Maurice Duval à ce sujet (5 et 8 décembre). — Dernier et scandaleux procédé des adversaires. — Nouvelle distribution du mémoire Durieu. — Notre avocat et nos amis s'inquiètent.

Au moment où, de tous côtés, à Paris comme à Nantes, — où M. Lassus avait, comme je l'ai dit, quelques émissaires que je me suis abstenu de nommer, — on agissait, par tous les moyens possibles, contre M. Garreau, il était, par un heureux contraste, vengé de toutes les attaques dirigées contre lui, par l'administration départementale, qui, par son arrêté du 3 janvier 1853, le nommait maire d'une commune du département, celle de Remouillé.

Cette nomination, accueillie avec une vive satisfaction par les habitants de cette commune, le fut également par tous les journaux de Nantes, qui, sans acception d'opinion et par un sentiment unanime, s'empressèrent d'applaudir à ce témoignage d'estime de la part de l'administration locale, d'autant plus significatif que M. Garreau était, en ce moment, sous le coup de poursuites incessantes exercées contre lui au nom de l'Etat.

Telle était la situation, lors du retour à Nantes de M. Garreau (3 avril), qui me parut, malgré toutes ses tribulations, moins découragé que je ne l'aurais supposé d'abord, car je n'eus pas beaucoup de peine à mettre son courage au niveau de cette situation, en lui promettant que mon concours le plus actif lui était plus que jamais acquis, et qu'à partir de ce moment, et toute affaire cessante, je me mettais entièrement à sa disposition.

Je n'avais pas perdu de temps pendant son absence. M. Garreau m'avait remis et fait remettre, avant son départ pour Paris, toutes les copies, tous les dessins, en un mot tous les papiers et résidus quelconques relatifs à l'affaire de la cathédrale, qu'il avait, par bonheur, conservés dans deux grandes boîtes.

Le 18, quinze jours plus tard, M. Garreau repartit pour Paris, emportant avec lui les nouveaux renseignements que j'avais pu recueillir, et, le 22 suivant, il m'écrivait pour me prier de continuer mes recherches, car il voyait, me disait-il, que nous avions affaire à un rapporteur bien exigeant et animé de fortes préventions contre nous.

Cette étude minutieuse, et, pour ainsi dire, pièce par pièce, qui a duré bien longtemps, sans user un instant ma patience, me conduisit à des découvertes précieuses, suivies de rapprochements qui me parurent tellement concluants, que, pour mon compte, je compris que le Conseil d'Etat ne pouvait se dispenser de nous donner gain de cause, même dans l'absence de toutes les communications qu'on lui refusait, ou qu'on ne lui faisait que d'une manière fort incomplète.

En effet, nous étions en mesure de produire une grande partie des copies d'attachements écrits et figurés, qui avaient accompagné tous les décomptes, et dont on persistait à nier l'existence; d'en justifier les chiffres, en les rapprochant de ceux portés aux états mensuels, aux carnets de chantiers, aux mains courantes, aux factures et au livre de dépenses de toutes sortes.

Nous pouvions, de plus, énoncer, de la manière la plus exacte et la plus logique, — ce que nous avons fait, — toutes les pièces que l'administration avait en mains, dont elle avait refusé la production au conseil de préfecture, et qu'elle s'obstinait à ne pas vouloir produire au Conseil d'Etat.

Enfin, d'après tout ce que j'avais sous les yeux, et avec la conscience intime d'une aussi bonne cause, j'étais tellement convaincu que, pour la faire triompher, il ne fallait que le courage persévérant de la soutenir contre tous les obstacles, qu'au lieu de la défaite entrevue par quelques amis découragés, je comptais sur une victoire presque assurée.

Seulement, après avoir lu, avec la plus grande attention, les nombreux écrits de défenses publiés depuis le commencement du procès, sans que l'affaire eût fait un pas en avant, j'avais été frappé de deux choses : la première, c'est que les attaques des adversaires se multipliaient en raison proportionnée de ces écrits et favorisaient ainsi leur tactique, qui était visiblement de traîner l'affaire en longueur et, en procédant par voie d'ajournement indéfini, d'amener M. Garreau, soit à une transaction honteuse, soit à subir les conséquences inévitables et ruineuses d'une résistance opiniâtre et sans issue. La seconde, c'est que nos meilleurs arguments, arrêtés par une sentinelle vigilante à la porte du cabinet du ministre, tombaient dans le vide ou plutôt dans des mains ennemies, et, à supposer qu'ils arrivassent à bonne adresse, étaient enfouis et disséminés dans un dossier trop volumineux pour ne pas fatiguer la patience la plus robuste et rebuter nos juges.

Aussi n'hésitai-je pas à dire à M. Garreau qu'au lieu de perdre le temps à nous défendre, mon avis était désormais de rapprocher l'ennemi, de le serrer du plus près possible, de l'attaquer de front et de le poursuivre sans relâche, jour par jour, heure par heure, s'il était nécessaire, jusque dans ses derniers retranchements; qu'en conséquence, il fallait qu'il partît immédiatement pour Paris, et que j'allais faire mes dispositions pour l'y rejoindre au plus tôt.

En effet, je partis le 29 avril, pour me trouver avec M. Garreau qui s'y était rendu dès le 18. En y arrivant, je ne tardai pas à m'apercevoir de ce qu'il m'avait si tristement annoncé sur la situation d'esprit de presque tous les nôtres. L'un d'eux me disait: « Que voulez-vous? En présence de tant de mauvaise foi et d'intrigues qui partent de si haut, la partie n'est plus tenable pour ce malheureux Garreau »; et il lui répétait à lui-même, en lui serrant la main avec effusion : *Il n'y a, mon cher Garreau, dans la triste situation où vous êtes, que Dieu qui puisse vous sauver ; les hommes, désormais, n'y peuvent rien.* Un autre voyait le danger dans l'impossibilité où l'on nous avait mis, de produire au Conseil d'Etat les attachements si imprudemment confiés par M. Seheult à M. Lassus, et dont on niait toujours l'existence. Enfin, un troisième disait à M. Garreau, en entr'ouvrant à demi la porte de son cabinet : *Vous n'avez plus, pour vous sauver, que cet étroit passage, et si, par malheur, on vous le ferme, vous êtes perdu.*

Tel était le langage découragé des trois hommes les plus influents et les plus dévoués à la cause de M. Garreau ; et il en était ainsi, ou à peu près, de ceux qui, de près ou de loin, avaient pris quelque part à l'affaire.

Je mis tous mes soins à les rassurer, et il fut convenu qu'une réunion aurait lieu, avec notre avocat, chez M. Maurice Duval, où je donnerais, pièces en mains, toutes les explications nécessaires.

Cette réunion eut lieu le 1er mai, lendemain de mon arrivée. Là, après que j'eus exposé les faits et expliqué ma pensée sur ce que je croyais bon à faire dans la situation, notre avocat, M. Huet, avec cette vivacité de conception, qui saisit tout à première vue, suppléa à mes explications, et, en les développant, leur donna une nouvelle force.

M. Huet, après m'avoir entendu, dit qu'il n'avait qu'un regret, celui que M. Baroche, alors président du Conseil d'Etat, n'eût pas l'oreille à notre entretien, parce qu'il était persuadé que toutes les préventions défavorables, qui existaient contre nous, seraient effacées par les détails si complets que je venais de donner.

Ce fut alors que M. Duval me demanda si je me trouverais disposé à voir ce grand personnage ; à quoi je répondis que je n'hésiterais pas un instant, si je croyais qu'il fût disposé, lui-même, à me recevoir et à m'entendre. M. Huet reprit vivement qu'il me l'assurait, que M. Baroche écoutait bien, et m'entendrait avec d'autant plus d'intérêt, qu'il savait que cette affaire le préoccupait assez vivement.

Je me présentai, le lendemain, accompagné de M. Favre, maire de Nantes et notre député, qui put, en cette double qualité, obtenir un tour de faveur dans l'audience que donnait alors le président du Conseil d'Etat.

Après que j'eus annoncé l'objet de notre visite, le premier mot de M. Baroche fut celui-ci : « C'est une *grosse affaire*, et on peut dire, à certain point de vue, l'une des plus importantes dont le Conseil ait eu à s'occuper jusqu'ici, et c'est par ce motif que l'un des conseillers vient d'être exonéré de toute autre occupation, pour se livrer exclusivement à son examen. » Puis jetant, au même instant, un coup d'œil sur sa pendule, — ce qui me parut être d'un assez mauvais augure, — il me demanda ce que j'avais à dire.

Pressé par le temps, je me bornai à appeler son attention sur les points culminants du débat, en exprimant le regret de ne pouvoir lui donner de plus grands détails, pour ne pas abuser de ses instants.

J'insistai surtout sur ce point, que l'affaire, très-simple en elle-même, avait été tellement embrouillée, les faits et les chiffres tellement dénaturés, qu'on ne pouvait la bien connaître qu'en l'étudiant avec une grande et patiente attention; que dans ce but je me mettrais entièrement, si on le jugeait convenable, à la disposition du Conseil d'Etat, afin de lui donner et justifier tous les renseignements dont il pourrait avoir besoin pour éclairer sa religion. En un mot, que nous ne désirions qu'une chose, c'était d'être mis sur la sellette, en face de nos adversaires, afin d'éviter les coups qu'ils nous portaient par derrière, en se dérobant toujours à la riposte.

Ainsi que me l'avait dit M. Huet, je m'aperçus, bien vite, que M. Baroche paraissait écouter avec un grand intérêt. En effet, un moment après, il donna l'ordre de ne pas recevoir, et me dit aussitôt que je pouvais prendre mon temps pour m'expliquer; ce que je fis avec d'autant plus d'aisance, que, dans une audience de près d'une heure, il ne me donna pas une seule fois l'occasion de m'apercevoir que je fatiguais son attention.

Après mon récit des faits, dans lequel j'avais pris résolument l'offensive contre nos adversaires, sans trop ménager les termes, il me demanda si je pouvais le résumer, et, sur ma réponse affirmative, il se mit à prendre des notes, en s'interrompant par instant, pour me demander de nouvelles explications. Voici, bien à peu près, les termes de mon résumé:

« Je vous ai dit, M. le président, que, par son rapport au ministre, en date du 26 avril 1848, M. Lassus s'était, pour toute critique, contenté d'attaquer les travaux de la cathédrale, au point de vue de leur direction purement artistique ; que cette opinion se trouvait, au surplus, complétement démentie par l'opinion de tous les inspecteurs des bâtiments civils, et notamment par celle si imposante du savant archéologue, M. Mérimée ; — qu'il avait quant à l'exécution des travaux, déclaré qu'elle ne laissait rien à désirer, au double point de vue de la solidité et du bon choix des matériaux; — enfin, que M. Lassus ne se plaignait ici que d'une seule chose, à savoir que les prix portés aux devis de M. l'architecte Seheult, étaient erronés et complétement insuffisants, et que, par ce motif, il proposait au ministre de les augmenter de 30 0/0, pour les travaux restant à exécuter.

» J'ai dit que ce rapport, portant le n° 1, sanctionné par un avis de la commission diocésaine, avait été, plus tard, supprimé par son auteur, pour le besoin de ses trois rapports subséquents, avec lesquels il se trouvait en complet désaccord sur tous les points, et notamment sur les prix affectés à l'exécution des travaux, qu'il avait augmentés de 30 0/0, et qu'il abaisse ici de 40 0/0, en signalant au ministre, à l'appui de *cette scandaleuse exagération*, de prétendues manœuvres frauduleuses entre l'architecte et l'entrepreneur. Je crois avoir fait connaître les raisons, d'ailleurs si faciles à saisir, de ce changement subit et si radical de l'opinion de M. Lassus.

» Passant en revue, et successivement, les rapports si divergents de cet architecte, j'en ai signalé les contradictions les plus choquantes.

» Enfin, M. le président, j'ai proposé d'administrer, par le plus simple calcul, la preuve qu'en admettant les chiffres du premier rapport de M. Lassus, du 26 avril 1848, qu'il tient soigneusement caché pour le dérober à la connaissance du Conseil d'Etat, il en résulterait que les travaux exécutés à la cathédrale auraient subi une augmentation de 30 0/0, et qu'en prenant au sérieux les réductions qu'il propose dans ses autres rapports, il resterait à peine une somme suffisante pour le prix des matériaux, et rien, absolument rien, pour leur mise en œuvre.

» Tout ce que j'ai dit, j'ai proposé de le démontrer, par des preuves irrécusables, au Conseil d'Etat, s'il veut m'entendre, et c'est parce que je maintiens ma proposition, que je vous renouvelle, avec instance, la demande d'être placé sur la sellette, en face de nos adversaires.

» J'ajoute qu'au point de vue de la moralité des hommes si indignement attaqués par MM. Lassus et Durieu, j'oppose l'opinion d'autorités tellement imposantes et respectables, qu'elles ne peuvent être contredites par personne, et je porte à MM. Lassus et Durieu le défi d'en faire autant. »

Après ce résumé, M. le président me dit ces bonnes paroles :

« Vous demandez justice, nous la voulons aussi, et
» tout ce que je puis vous dire, c'est que l'affaire est

» entre les mains d'un rapporteur dont les lumières
» et l'inflexible probité ne peuvent être suspectées par
» personne. L'affaire, qui, me dites-vous, n'est pas
» connue, sera étudiée et approfondie par lui dans
» tous ses détails ; rien ne lui échappera, vous pou-
» vez en être sûr. »

Je ne pus m'empêcher de répondre à ce moment : « S'il en est ainsi, M. le président, j'ai la conscience intime que la justice triomphera, et que notre affaire est gagnée. » — « Je ne dis pas cela, reprit M. Ba-
» roche, mais je répète, comme chose plus certaine,
» qu'elle sera parfaitement étudiée. »

En sortant de l'audience, je m'empressai de me rendre chez M. Duval, où quelques amis m'attendaient, impatients comme lui de connaître le résultat de ma visite. Chacun en tira le meilleur augure et commença à reprendre courage. M. Huet en fut surtout très-ému et, en me serrant la main : « Je vous l'avais bien dit, vous seul pouviez donner ces explications et les faire écouter. Quant à moi, je n'étais point en position de le faire ; il fallait ici un avocat de l'avocat, et je ne pouvais être mieux représenté. »

Dans l'intervalle qui s'était écoulé depuis le 14 décembre 1852, date du dernier mémoire de M. Garreau, en réponse à celui de l'administration du 16 avril, même année, les attaques de toutes sortes ne s'étaient pas un instant ralenties. Les adversaires, battus d'abord sur la question de bonne exécution des travaux, si vivement agitée par eux et sur laquelle ils n'avaient eu que des rapports contraires à leurs prétentions, s'étaient rabattus sur celle des attachements qui, déjà, leur paraissait tout au moins incertaine.

Dans cette situation, ils n'avaient désormais d'autre ressource que de se rejeter dans une nouvelle discussion des prix, et de soutenir ainsi leur tactique d'ajournement sans fin, sur laquelle ils fondaient leurs coupables espérances. C'est donc sur ce point unique qu'ils paraissaient avoir concentré l'attaque.

Il faut ajouter que M. Lassus, qui avait si audacieusement compromis l'administration par tous ses faux calculs et ses grossiers mensonges, devait avoir à cœur d'en justifier au moins une partie devant le Conseil d'Etat, et, d'ailleurs, il faut croire que, dans ce moment d'angoisse, il y était vivement poussé par le ministre lui-même, mécontent de la mauvaise position qui lui avait été faite devant cette haute juridiction.

Mais les affirmations de M. Lassus étaient désormais bien usées ou plutôt tombées, comme la signature de son haut patron Durieu, dans un complet discrédit. Il ne pouvait l'ignorer, et, pour suppléer à leur insuffisance, il fit ce que font toujours ceux dont la garantie personnelle est suspectée, il chercha une caution; il la trouva dans un confrère qui s'en est bien repenti, et que, par ce motif, il ne faut accuser ici que d'une indiscrète complaisance.

C'est à l'aide de cet emprunt, qu'il fit signer, sous le titre de notes supplémentaires, deux tableaux, dont l'un, contenant d'abord la discussion de treize prix, fut remplacé, plus tard, par un autre en contenant vingt.

Ces tableaux étaient divisés en trois colonnes : dans la première, se trouvaient les prix tronqués que l'on supposait, faussement, avoir été appliqués par M. Seheult aux travaux de la cathédrale; dans la seconde, ceux fixés par M. Lassus; dans la troisième, ceux de son malheureux confrère. Tout le système consistait à élever les prix portés dans la première colonne, pour en faire ressortir l'exagération, en les comparant à ceux inscrits dans les deux autres colonnes et que l'on avait ridiculement abaissés.

Ce qui prouve combien peu le ministre voyait par lui-même dans cette triste affaire, c'est qu'on parvint à lui persuader que ces nouveaux chiffres, affirmés par un autre architecte, portaient un cachet de vérité digne d'appeler la sérieuse attention du Conseil d'Etat.

Il n'était pourtant pas difficile, en vérifiant les devis et les sous-détails dressés par M. Seheult, et en décomposant ses prix, de reconnaître que ce nouveau tour de gobelet de M. Lassus consistait tout simplement à tout déplacer, à prêter à M. Seheult un prix pour un autre, puis à opposer des prix de base à des prix composés.

Pour n'en citer qu'un exemple, on voit que, relativement au granit pour moulures, le prix de base fixé par le marché de 1839, si souvent invoqué par les adversaires de M. Garreau, était de 98 fr. — M. Lassus lui oppose celui de 82 fr., ce qui établit déjà une perte, sur la valeur brute des matériaux, de 16 fr. ; si on y ajoute le bardage, le montage et la fourniture de mortier, enfin toutes les dépenses pour la mise en œuvre, on voit tout de suite à quel résultat on arrive.

Ailleurs, il dissimule le prix affecté par M. Seheult aux maçonneries de taille unie, et il leur applique celui fixé pour les maçonneries des socles de piliers isolés à faces curvilignes; puis, et au moyen de cette substitution, il fait ressortir une différence de 19 fr. par mètre cube. On peut se faire ici, comme ailleurs, une juste idée des appréciations *consciencieuses* de M. Lassus.

Voilà pour M. Lassus, mais pour l'imprudent confrère qui s'était maladroitement engagé dans le débat, voici bien autre chose. Il avait eu la pensée malheureuse de fixer dans la colonne contenant ses appréciations, le prix des fers à vis et écrous employés dans les travaux de la cathédrale, *à 70 fr. les 100 kil.*, sans se rappeler que, peu de temps avant, il les avait portés à *127 fr.*, dans un devis relatif à une simple église qu'il faisait construire dans un canton rural. Cette construction ayant donné lieu à un appel de l'entrepreneur devant le conseil de préfecture, on a pu administrer la preuve juridique de ce fait devant le Conseil d'Etat. Comme corollaire à cette dernière note, et dans le but de discréditer M. Auger dans l'esprit du Conseil d'Etat, on l'accusait d'avoir fait un faux dans l'énonciation des prix de bois de charpente, par lui relevés aux ministères de l'intérieur et des travaux publics, pour les comparer aux prix fixés par les adversaires, et infirmer ainsi l'estimation dérisoire qu'ils avaient faites des bois mis en œuvre à la cathédrale.

Il ne fut pas bien difficile de réduire à néant ce nouveau plan de l'attaque et d'en faire apprécier la moralité par le Conseil d'Etat.

Nul doute que le rapporteur ne fût, déjà, suffisamment édifié sur toutes ces manœuvres de si mauvais aloi. Toutefois, et pour terminer une discussion sans fin, désormais tombée dans le domaine du ridicule, le président de la section du contentieux, par sa lettre au ministre, en date du 21 avril, lui avait demandé, d'une part, l'avis, tant de la commission des édifices religieux que du conseil des bâtiments civils, sur cette nouvelle discussion des prix, et, d'autre part, les pièces essentielles, plusieurs fois réclamées, et qui, jusque-là, n'avaient pas encore été produites à la section du contentieux.

Voici en quels termes s'exprimait le président par sa lettre au ministre :

« Monsieur le ministre de l'instruction publique et des cultes,

» Avant de prononcer sur le recours formé par le sieur Garreau, entrepreneur de travaux publics, contre un arrêté du conseil de préfecture de la Loire-Inférieure du 9 mai 1851,

» La section du contentieux désire avoir l'avis, tant de la commission des édifices religieux que du conseil des bâtiments civils.

» Elle vous prie, en conséquence, de prescrire les

mesures nécessaires, pour que le dossier soit soumis à ces commission et conseil, et pour que leurs rapports respectifs soient dressés dans *le plus bref délai.*

» Elle désire, en outre, qu'en lui transmettant ces rapports avec toutes les pièces déjà produites, vous puissiez y joindre les pièces suivantes :

» 1° Les lettres ministérielles des 10 et 24 juin 1840, relatives au décompte de 1839, et la décision du 15 septembre 1840, prononçant le rejet de deux articles de ce décompte.

» 2° Lettre du ministre au préfet, en date du 30 juillet 1843.

» 3° Lettre ou rapport de M. Seheult, en date du 20 février 1845.

» 4° Le décompte détaillé de l'exercice 1844, en date du 8 mars 1845, et le décompte général, fin d'exercice 1844, en date du 20 mars 1845. La lettre de M. Seheult du 1er avril 1845 annonce l'envoi de ces pièces, et le décompte général, en date du 23 mai 1846, les énumère parmi les anciennes pièces annexées.

» 5° Lettre de M. Seheult au préfet, en date du 3 septembre 1845, où la nouvelle soumission du sieur Garreau est discutée.

» 6° Lettre du ministre au préfet, en date du 23 octobre 1845. Cette lettre, qui approuve la nouvelle entreprise, est rapportée dans celle du préfet au ministre, en date du 8 novembre 1845.

» 7° Lettre du préfet au ministre, en date du 22 novembre 1845. Cette lettre, qui aurait été accompagnée du décompte partiel de 1844 et du décompte général, est visée par le ministre, dans sa lettre du 15 décembre 1845.

» 8° Lettre du ministre au préfet, en date du 4 juin ou 4 juillet 1846, par laquelle le ministre aurait reconnu avoir reçu, à l'appui du décompte du 23 mai 1846, *des cahiers de croquis, attachements contradictoires, etc.*

» 9° Rapport de M. Seheult, en date du 31 août 1846, qui aurait été rédigé pour satisfaire à une lettre ministérielle du 29 juin précédent.

» 10° Lettre du ministre au préfet, en date du 12 septembre 1846, qui annoncerait l'acceptation du décompte de la première entreprise, et le renvoi des pièces.

» 11° Lettre de M. Garreau au ministre, en date du 22 octobre 1846, et lettre de M. Seheult, en date du 24 octobre, par lesquelles M. Garreau aurait réclamé contre la réduction de 14,002 fr. 65 opérée sur son décompte, et M. Seheult aurait appuyé la réclamation.

» 12° Rapport de M. Lassus, en date du 26 avril 1848, dans lequel M. Lassus aurait constaté *que les constructions étaient exécutées avec soin et en bons matériaux.* M. Lassus le *rappelle,* sans en donner la date, page première de son rapport général du 23 mars 1849.

» Dans le cas où quelques-unes de ces pièces ne se retrouveraient pas ou ne pourraient être déplacées, la section du contentieux vous prierait, Monsieur le ministre, de lui faire savoir si vous contestez l'exactitude des citations qui en ont été faites.

» Veuillez, je vous prie, me renvoyer, *le plus promptement possible*, le dossier de cette affaire, ainsi que les pièces et documents ci-dessus demandés.

» Agréez, etc. »

Rien de plus clair, de plus précis et en même temps de plus juste, comme on le voit, que cette dernière mise en demeure du ministre, par le président de la section du contentieux, de soumettre les prix qui présentaient entre ceux fixés par M. Lassus et ceux de M. Seheult de si énormes différences, à l'appréciation du conseil des bâtiments civils et de la commission des édifices religieux: — seule expertise possible, telle que le conseil de préfecture l'avait comprise lui-même; — puis de produire les pièces du procès vainement réclamées depuis son origine.

Rien de plus singulier et de plus déplorable, comme on va le voir, que la réponse du ministre.

Quelles que pussent être les dispositions actuelles de la commission des édifices religieux, si hostile en 1848 à MM. Seheult et Garreau, et dont ils avaient eu tant à souffrir, celui-ci avait d'autant moins de raison de la redouter, que, d'une part, ses prix avaient, à leur avantage, subi la comparaison des prix similaires accordés par toutes les administrations, et que, d'autre part, il savait que le conseil des bâtiments civils, qui les avait précédemment approuvés, était trop juste et trop consciencieux pour se déjuger lui-même.

Il attendait donc avec impatience, mais sans aucune crainte, puisqu'il l'avait provoqué lui-même, l'avis des deux commissions réclamé par le président de la section du contentieux.

Il n'en était pas ainsi de tous les nôtres. Voici en quels termes mon ami, M. Bignon, m'exprimait ses appréhensions à cet égard, dans sa lettre du 6 mai :

« Mon cher ami,

» J'ai lu avec tout l'intérêt que je porte à cette déplorable affaire, la réfutation péremptoire de cette série de prix qui n'est qu'une nouvelle tromperie pour égarer la justice.

» Que répondront les auteurs de cette nouvelle série de prix ? Rien qui puisse renverser le raisonnement et détruire les preuves. On élèvera de nouvelles difficultés, d'autres incidents, afin d'éterniser l'affaire, d'accroître ce dossier déjà trop volumineux, pour en rendre l'examen impossible au Conseil d'Etat.

» Le renvoi à la commission des édifices diocésains est un malheur, car elle est en grande partie composée des amis de tous les ennemis de M. Garreau. Il serait bien utile de pouvoir pénétrer près de quelques personnes placées au-dessus de ces déplorables influences, surtout de quelque architecte consciencieux, qui comprendrait bien la question, et qui pourrait bien l'expliquer à la commission, et lui montrer le vice radical de cette série de prix. Tâchez de faire remettre entre bonnes mains quelques exemplaires de cette réfutation.

» Je voudrais bien voir M. X... chargé de faire exécuter la suite des travaux de la cathédrale avec de pareils prix.

» J'espère encore que, malgré les ténèbres dont on cherche à obscurcir cette affaire, la lumière se fera, et qu'il ne sera pas donné à la fraude et à l'astuce de triompher de la loyauté, de la probité et de l'honneur; si cela devait arriver par impossible, il faudrait douter de la justice humaine !

» Tout à vous de cœur. »

La réponse du ministre arriva le 3 juin (42 jours plus tard !) et, contre tout ce qu'on aurait dû attendre, M. le ministre rejetait d'abord la demande d'intervention de la commission diocésaine et du conseil des bâtiments civils, sous le singulier et trop naïf prétexte de l'*inconvénient que présenterait l'intervention du conseil des bâtiments civils !*

La commission et le conseil des bâtiments civils avaient-ils été consultés officiellement, ou tout au moins officieusement, par les adversaires dans cet intervalle de 42 jours, et n'est-ce pas sur leur opinion, ou le pressentiment bien fondé de leur opinion, que le ministre avait été conduit à faire cette singulière réponse ? Tout porte à le croire, car il n'est pas présumable que l'intrigue, ordinairement si remuante et si agitée, soit restée passive dans cette circonstance où son va-tout était très-sérieusement engagé.

En tout cas, il est évident que cette retraite du ministre, devant la demande si pressante du président, révélait un grand embarras de la part des adversaires, qui savaient bien que la production des pièces au Conseil d'Etat était leur condamnation écrite sur toutes les pages, et que pas un seul de leurs chiffres ne pouvait subir l'épreuve d'une vérification, sans être argué de faux et rejeté de la manière la plus honteuse pour eux.

Il faut remarquer ici que les adversaires de MM. Seheult et Garreau, repoussés sur tous les points de l'attaque, invoquaient, depuis longtemps, une expertise qui, suivant eux, était désormais le seul moyen d'éclairer le débat et d'arriver à la vérité. Pour l'obtenir, ils faisaient tout pour embrouiller de plus en plus l'affaire, afin de la rendre de plus en plus inextricable et impossible à juger. Ils savaient que, dans cette situation, l'expertise est un moyen terme, d'autant plus séduisant pour les esprits indifférents, paresseux ou indécis, qu'ils ne demandent pas mieux que de rejeter sur autrui la responsabilité d'une décision qu'ils n'ont ni la volonté, ni le courage de prendre.

Mais cette expertise, les adversaires la voulaient dans des conditions impossibles et dans un seul but : non pas, comme ils le disaient hypocritement, pour éclairer, mais bien pour éterniser le débat, et, par ce moyen, étouffer entre deux guichets l'ennemi qu'ils n'avaient pu désarmer.

M. Garreau, comme il l'avait fait après l'arrêté du conseil de préfecture, bien loin de se refuser à une expertise, la provoquait aussi, pourvu qu'elle fût prompte et honnête. C'est ainsi que le Conseil d'Etat l'envisageait lui-même. Seuls, les adversaires la repoussent, et pourquoi ? Parce que, à ce point de vue, elle aurait trop clairement démontré leur infamie.

Quant aux pièces, au nombre de seize, dont la production était invoquée depuis si longtemps par M. Garreau, et réclamée une dernière fois par la section du contentieux, M. le ministre *n'avait pu*, disait-il, *après de vaines recherches, en découvrir que quatre*, et ce qu'il y a de plus fâcheux, c'est que les pièces manquantes étaient précisément les plus importantes !

Il est vrai que, dans ce dénuement *inexplicable* et dans l'impossibilité simulée d'y pourvoir, le ministre, répondant à M. le président qui, dans une sage prévoyance, l'avait mis en demeure de s'expliquer à ce sujet, dit *qu'il ne conteste pas l'exactitude, qui lui paraît vraisemblable, des citations que M. Garreau a faites dans ses mémoires, des pièces manquant à l'appel.* Grande concession !... après cinq ans d'attente ! !

Ainsi, non-seulement on refuse l'épreuve du contrôle de la commission diocésaine et du conseil des bâtiments civils, mais sur seize pièces réclamées, on n'en produit que quatre et des moins importantes !

Il n'est pas inutile de faire remarquer qu'au nombre des pièces manquantes, se trouvait le fameux rapport Lassus du 26 avril 1848, et qu'en mauvais père, il avait tenu dans l'ombre peu de temps après sa naissance. Heureusement que M. Garreau en avait conservé copie, comme gage de bon souvenir.

Dans une note qui précédait la réfutation, chiffre par chiffre, des faux calculs et des derniers arguments de l'attaque, M. Garreau disait :

« Si j'avais le ministre pour adversaire, je ferais » respectueusement remarquer à Son Excellence » qu'il est pour le moins étrange que des pièces aussi » essentielles que celles demandées par le Conseil » d'Etat fassent défaut, quand on en a trouvé de si » insignifiantes que, — lors de la composition du dos- » sier de 121, pièces envoyées, à l'*insu* de l'entre- » preneur, au conseil de préfecture, — on avait dû » faire un choix, puisque plus tard ce nombre a été » porté à 434 ; que ce chiffre vient encore d'être » augmenté de 4 ; qu'il y aurait là, s'il ne s'agissait » pas d'une administration publique dont la loyauté » ne peut pas être suspectée, matière à bien des » réflexions. »

Comme on le voit, les adversaires de M. Garreau, qui, cela est suffisamment prouvé, ont en mains les pièces réclamées, les cachent aux yeux du ministre et veulent encore ici, comme toujours, remettre tout en question, refaire un règlement devenu définitif, consommé depuis plus de cinq ans, et, à l'appui de cette inconcevable prétention, ils n'exhument que ce qu'ils veulent bien produire, et cela par fractions, par lambeaux !

Cette mise en demeure du ministre, par le président de la section du contentieux, de soumettre les chiffres contestés à l'appréciation de la commission des édifices religieux et du conseil des bâtiments civils ; puis, de lui faire parvenir les pièces essentielles qui, jusque-là, n'avaient pas été produites, malgré les demandes réitérées qui en avaient été faites; la réponse négative du ministre, sur le premier point, si embarrassée et si insuffisante sur l'autre, tout révélait si bien sa mauvaise position devant le Conseil d'Etat, que, pour mon compte, il me semblait que nous n'avions, désormais, que peu de chose à faire et rien à craindre, pour arriver à une heureuse solution.

Dans cette situation, je ne parlais plus que de mon retour à Nantes et dans mes champs, où bien des affaires, délaissées depuis longtemps, réclamaient ma présence. Notre avocat si dévoué, M. Huet, toujours en méfiance d'adversaires aussi haut placés, n'acceptait que, sous bénéfice d'inventaire, ce premier rayon de bon augure, et tâchait de modérer, dans son client et ses amis, un espoir trop confiant et trop anticipé du succès, qui pouvait, disait-il, avoir des dangers. C'est dans cette disposition d'esprit qu'à la veille du jour que j'avais fixé pour mon départ de Paris, il m'écrivit la lettre que je reproduis ici et qui me détermina, sans aucune hésitation, à prolonger mon séjour autant qu'il le jugerait convenable :

« Paris, le 19 juin 1853.

» Vous avez trop contribué à mettre l'affaire de M. Garreau sur le bon pied où je la crois, pour qu'en rendant le plus sincère hommage à votre heureuse et puissante coopération, je n'insiste pas sur ce qui vous reste à faire. Sans nous inquiéter de ce que fera ou ne fera pas le Conseil d'Etat, par suite du refus du ministre de lui procurer les pièces et avis qu'il a demandés, continuons nos efforts et agissons sans relâche; c'est le moment le plus opportun pour combattre, comme vous savez si bien le faire, ce qui se peut dire et faire contre notre bonne et juste cause. Vous avez été écouté partout avec un intérêt qu'accroît votre caractère, et avec une confiance qui ne peut qu'augmenter par la réalisation de vos prédictions. Quiconque vous a entendu se dit : Quelle clarté... quelle lucidité ! Et la vérité court de bouche en bouche. Croyez bien que, dans la mesure de ce qui m'est départi, je ne resterai pas en arrière ; mais, je sais tant ce que vous pouvez, que je ne puis me dispenser de vous fortifier dans le *vouloir* qui doit aiguillonner le *pouvoir*.

» J'espère avoir l'occasion de faire quelque chose demain ; vous savez que je suis toujours à votre disposition et que je suis aussi heureux de recevoir que de vous faire de bonnes communications.

» Croyez, Monsieur, aux sentiments aussi sympathiques que distingués et dévoués, avec lesquels je suis,

» Votre zélé serviteur.

» *P.-S.* — Après ce que vous devez faire de plus pressé, nous prendrons rendez-vous chez M. Duval. »

Cette lettre atteste à quel point M. Huet s'était identifié avec nos intérêts. Il était bien plus que l'avocat habile qui nous éclairait de ses lumières et nous dirigeait dans ce long et triste débat : il était devenu, pour nous, l'ami intime, entièrement dévoué, et, je crois ne rien exagérer, en disant passionné pour notre cause.

Indépendamment des pièces dont il vient d'être parlé, il en manquait encore beaucoup d'autres, et il nous fut appris, notamment, qu'aucun des rapports faits sur les travaux de la cathédrale par les inspecteurs généraux du conseil des bâtiments civils depuis leur origine, n'avaient été déposés au Conseil d'Etat... et pourquoi ?... La réponse est bien simple : parce que tous, *sans aucune exception*, étaient à l'avantage de MM. Seheult et Garreau. Il nous vint à la pensée d'en faire la recherche, et, après quelque peine, nous ne pûmes parvenir à nous procurer, et encore par notes et par fragments, qu'un seul rapport de l'honorable M. Grillon, mais qui, à lui seul, était assez concluant pour attirer toute l'attention du Conseil d'Etat. Après l'avoir mis au net, il ne s'agissait que de bien s'assurer de son exactitude et de l'usage qu'on en pourrait faire. Pour cela, il fallait avoir l'avis de son auteur.

C'est à cette fin que, le 28 juin, je me présentai, accompagné de M. Garreau, chez M. Grillon, auquel je m'annonçai comme étant venu tout exprès de Nantes à Paris, pour joindre mes efforts à ceux des défenseurs de MM. Seheult et Garreau, et les aider à se tirer de la malheureuse affaire dans laquelle ils se trouvaient engagés. Son premier mot fut de s'informer à quel point elle était aujourd'hui rendue. Après une assez longue explication sur les faits et les nouvelles difficultés qu'on nous opposait, il me demanda comment j'avais été conduit à l'étudier ainsi et dans tous ses détails. Je lui répondis simplement, qu'après l'avoir envisagée au point de vue moral, frappé de l'injustice criante que l'on voulait exercer contre deux honorables concitoyens, j'avais considéré mon intervention comme la meilleure action de ma vie et, qu'avancé en âge, une pareille rencontre était pour moi une bonne fortune dont je devais profiter.

L'honorable M. Grillon me dit alors : « Mais, mes rapports, ceux de mes collègues, qui, comme moi, ont participé aux marchés passés pour les travaux de la cathédrale de Nantes, et les ont visités, devraient suffire pour éclairer la religion du Conseil d'Etat. »

Je lui répondis que j'étais bien de cet avis, mais que c'était précisément à cause de leur importance qu'on les avait soigneusement classés au nombre des pièces que l'on dérobait à la connaissance de la section du contentieux ; qu'il m'était appris qu'elle n'en était point encore saisie.

« Où sont-ils donc ? » reprit vivement M. Grillon.

« Je ne sais, lui répondis-je ; mais nous n'avons pu nous procurer la copie que d'un seul de ces rapports, que je tiens ici, et que nous venions tout exprès vous communiquer, afin d'en vérifier l'exactitude. »

Après l'avoir lu, M. Grillon nous dit : « Il est parfaitement exact, il ne lui manque que ma signature et je suis prêt à vous la donner, en l'accompagnant d'une attestation en faveur de MM. Scheult et Garreau, que je connais assez pour leur prêter tout mon concours dans cette déplorable affaire. Puis il ajouta, avec un sentiment d'indignation : « Les misérables ! malgré mes trente années de service, ils sont capables de faire contre moi ce qu'ils ont fait contre tant d'autres, mais n'importe ! »

Je crus comprendre que M. Grillon faisait ici allusion à la retraite inopinée de M. Maillard, président de la section du contentieux, et des rapporteurs, MM. Cornudet et Reverchon.

« Permettez-nous, lui dis-je, de ne point accepter votre concours à pareil prix. Laissez-nous user, avec plus de réserve, et seulement à titre de renseignement, de cette copie de votre rapport. »

« Non, monsieur, me répondit vivement M. Grillon, ce n'est point ainsi qu'on procède au Conseil d'Etat, Il faut que mon rapport soit notifié, et, pour cela, ma signature est indispensable. »

Sur l'insistance de notre refus, qui semblait le contrarier vivement, M. Grillon m'adressa, mot pour mot, ces belles paroles que je m'empressai de noter, pour les conserver dans ma mémoire :

« Monsieur, vous venez de me dire que vous aviez » accepté, comme une bonne fortune, l'occasion de » prêter votre appui à deux hommes honorables, » indignement persécutés, et, qu'à votre âge, il fal» lait savoir en profiter. Je suis plus vieux que vous, » laissez-moi donc faire ce que vous avez cru devoir » faire vous-même. »

Une dernière insistance de ma part et de celle de M. Garreau, pour reprendre cette copie du rapport, fut inutile. M. Grillon, après l'avoir signée et annotée, persista à vouloir la garder en ses mains. J'avoue qu'en présence des actes arbitraires, des menaces et des séductions de toutes sortes, dont nous étions journellement témoins et victimes, je me retirai le cœur serré par la crainte, et avec le regret de cette démarche dont je redoutais les suites.

Dès le lendemain, M. Grillon se rendit de sa personne chez le rapporteur du Conseil d'Etat, pour savoir si, véritablement, il n'était saisi d'aucuns rapports relatifs aux travaux de la cathédrale de Nantes.

Après sa réponse négative, il lui remit le sien, en profitant de l'occasion pour lui donner les détails les plus circonstanciés sur toute l'affaire.

M. Garreau avait été appelé, ce jour-là même, chez le rapporteur, pour lui porter la réponse écrite à quelques questions importantes, sous forme d'accusations, comprises dans le volumineux catalogue des adversaires, qui en contenait *cent dix-neuf*. Assis dans la pièce d'attente, qui n'était séparée du cabinet du rapporteur que par une simple porte de communication, il put saisir quelques mots prononcés avec une grande vivacité par M. Grillon, dans le cours de cet entretien. Il l'aperçut ensuite, au moment où il quittait le cabinet du rapporteur, accompagné par celui-ci, avec une grande déférence, jusqu'à la porte de sortie ; puis il entra lui-même et s'empressa de lui remettre une note contenant la réponse à dix-sept questions, au lieu de celle qu'il s'était borné à demander pour trois seulement des plus importantes.

Le rapporteur, après avoir jeté un coup d'œil sur cette note, en parut très-satisfait et dit à M. Garreau: *Je ne vous avais pas demandé tout cela, par ménagement pour votre interprète.* — « Mon interprète, répondit M. Garreau, est impatient de ne laisser sans réponse aucune des accusations dont nous sommes l'objet, et il m'a chargé de vous prier de lui en donner communication aussi promptement que vous pourriez le faire. » C'est à ce moment que M. le rapporteur, en montrant une longue série de questions notées à l'encre rouge, apprit à M. Garreau qu'il y en avait *cent dix-neuf*, formulées par l'administration, dont pas une seule n'est restée sans réponse.

Il était évident, pour nous, que plus le rapporteur avançait dans l'étude de l'affaire, plus il approchait de la vérité des faits, plus il s'en pénétrait, et plus ses préventions, d'abord si fâcheuses contre nous, tendaient à se modifier ou plutôt à s'évanouir.

Nous avons vu que, dans mon entretien avec M. le président du Conseil d'Etat (2 mai), j'avais surtout insisté sur ce point, que les faits avaient été tellement dénaturés et les chiffres tellement tronqués, qu'à moins d'une étude très-longue et d'un travail de décomposition très-minutieux, on ne parviendrait pas à s'en rendre compte et à trouver la vérité dans le labyrinthe obscur où les adversaires cherchaient à l'égarer; que, dans le but d'aider à ce travail, nous avions sollicité, comme une grâce, d'être mis sur la sellette en face de nos adversaires; — ce qui, au surplus, fut accepté, sans aucune hésitation, je dirai même avec un certain empressement, par M. Baroche, comme une manifestation de franchise et de loyauté.

Il nous fut bien aisé de reconnaître qu'en effet, notre demande avait été prise en sérieuse considération, car, dès le surlendemain de ma visite, M. Garreau fut appelé en personne à la section du contentieux, pour donner des explications. En présence d'un rapporteur qui, désigné le cinquième dans cette affaire, n'avait point encore eu le temps de l'étudier, et n'avait reçu ses premières impressions que de la partie adverse, M. Garreau ne tarda point à s'apercevoir qu'il était, comme on le lui avait fait craindre, animé de fortes préventions contre lui. En effet, ses premiers interrogatoires furent d'une sévérité tellement dure, voire même si offensante pour son honorabilité, qu'il en fut complétement déconcerté, et, dans cette situation d'esprit, ne put répondre d'une manière aussi satisfaisante qu'il aurait pu le faire en présence d'un interlocuteur moins prévenu et plus indulgent. Malgré la triste impression résultant de ce fâcheux début dans l'esprit de M. Garreau et de nos amis, je n'en fus pas, pour mon compte, autrement affecté. La chose essentielle, à mon avis, était que la porte qui, jusque-là, avait été fermée à double tour à nos plus justes réclamations, leur fût enfin ouverte, pour qu'elles pussent désormais se produire sans entraves et dans toute leur évidence. Pour arriver à ce but, je fis demander, par M. Garreau, au conseiller rapporteur, s'il aurait l'obligeance de nous transmettre ses questions par écrit, prenant l'engagement d'y répondre à bref délai, et de ne dire que la vérité, qu'elle fût pour ou contre nous, notre intention bien arrêtée étant de dissiper toutes les ténèbres qui planaient sur ce débat, et de le présenter dans son véritable jour.

Ma proposition, transmise par une simple note écrite au crayon, parut convenir beaucoup au rapporteur, qui l'accepta sans hésitation, et j'en fus d'autant plus satisfait, moi-même, que je n'avais point oublié l'éloge que M. Baroche m'en avait fait, au double point de vue de son mérite et de son indiscutable loyauté.

Nos premières communications, qui, de part et d'autre, se produisaient par simples notes, se ressentirent un peu des préventions du rapporteur, et il me fit dire un jour, par M. Garreau, qu'il acceptait et étudiait avec soin nos explications dans tout ce qui avait trait au contentieux de l'affaire, mais qu'il ne saurait en admettre les termes, en ce qui concernait les personnes, et qu'à cet égard, il fallait user de la plus grande réserve.

Dans la note qui suivit, je crus devoir mentionner qu'il serait tenu compte de cette observation, mais que je priais M. le rapporteur de vouloir bien admettre, ce qui était vrai, qu'en prêtant mon faible appui à deux hommes honnêtes, indignement calomniés, j'avais l'intime conviction de venir en aide à la justice elle-même, indignement outragée dans cette affaire, et que, par ce double motif, on n'était pas toujours maître de sa parole ou de sa plume.

Quoi qu'il en soit, et résolus, comme nous l'étions dans ce retour offensif, à ne garder aucun ménagement contre nos adversaires, et n'étant pas, d'ailleurs, toujours maîtres de nos expressions en face de leurs grossières calomnies, nous continuâmes, et souvent sans le vouloir, sur le même ton, mais en prenant le soin d'effacer, par déférence pour le rapporteur, les mots qui pouvaient lui porter ombrage; chose dont il fit la remarque sans aigreur et, même, plusieurs fois, en souriant. J'ajoute que plus tard, et quand il eut pénétré tous les mystères de cette infernale intrigue, il dit, en lisant une note et en s'arrêtant sur des mots effacés : « Dites de ma part à votre incorrigible interprète qu'il peut écrire sans gêne et désormais sans rature. »

Ce qui se passa depuis jusqu'au 8 juillet, jour de notre départ de Paris, ne fit qu'augmenter notre confiance dans l'avenir.

En effet, après la réponse du ministre au président de la section du contentieux; après la défaite des adversaires sur tous les points de la dernière attaque, que pouvions-nous craindre? Nous avions franchi, sans nous y laisser prendre, toutes les embuscades de l'ennemi, démonté tous ses canons, et nous ne pouvions croire qu'il lui restât désormais une seule amorce à brûler contre nous.

Toutefois, en prenant congé de M. Huet, et après un long entretien, il me pria, si j'en avais le temps, de présenter dans un résumé succinct, et aussi clairement que possible, la situation actuelle de l'affaire, en faisant remarquer toutes les phases qu'elle avait parcourues, pour arriver au point où elle en était. Il insistait surtout sur la nécessité d'établir, d'une manière à la fois simple et saisissante, la discussion des chiffres sur laquelle les adversaires avaient de nouveau reporté leur attaque. Je ne tardai pas à me livrer à ce travail, dont je comprenais d'autant plus l'importance, qu'on se plaignait, et M. Huet était le premier à le reconnaître, que les nombreux mémoires qui avaient été publiés, de part et d'autre, exigeaient trop de temps et d'études, pour que l'on pût en saisir les arguments, et surtout les chiffres, qui avaient été tellement changés et dénaturés, qu'il fallait, pour chercher la vérité dans un pareil chaos, un travail aussi long que fastidieux, capable de rebuter nos juges. Je savais d'autant mieux à quoi m'en tenir, que j'avais passé par cette longue et difficile épreuve.

Ce nouveau travail terminé fut porté, par M. Garreau, à M. Huet, qui s'en montra satisfait, et m'en accusa réception en ces termes :

« Paris, 12 octobre 1853.

» Monsieur,

» M. Garreau m'a apporté votre bonne lettre du 9 courant, et m'a communiqué le nouveau résumé que vous avez fait des principales phases comme des principaux moyens de son affaire, ainsi que les documents que vous avez pris la peine de classer, pour appuyer les tableaux qui font ressortir le chiffre des travaux de toute nature de la cathédrale de Nantes, comme étant inférieur au chiffre des travaux moins grandioses exécutés à la même basilique par M. Sauvaget, et à Indret, à Cherbourg, aux gares des chemins de fer de Paris et de Nantes, tant par M. Garreau lui-même que par d'autres soumissionnaires.

» Le tableau comparatif des prix de M. Seheult et de ceux de M. Lassus, fait parfaitement saisir l'énormité des différences qui résultent des estimations premières, intermédiaires et dernières de cet adversaire. A leur lecture, on est frappé de cette monstrueuse réduction de 40 0/0, qui produit près de 290,000 fr. sur 674,000 fr. de travaux, lorsque, précédemment, le même appréciateur avait, non-seulement admis, mais forcé de 30 0/0, les prix de M. Seheult, ce qui, comme vous le dites fort judicieusement, fait descendre la première estimation de M. Lassus de 70 0/0. C'est là, monsieur, un excellent travail. Il saisit sans fatiguer.

» Il en est de même du tableau comparatif des vingt prix avec les trois fixations de M. Lassus, et avec les prix tant de M. Sauvaget que des soumissionnaires des travaux de la mairie de Nantes, du génie maritime, des ponts et chaussées et de la gare de Nantes. Il suffit de lire pour comprendre; ce que les yeux voient, est saisissant pour la raison.

» Le troisième tableau est uniquement relatif aux travaux de M. Sauvaget, et à leur comparaison, quant à leur nature et à leur prix, avec ceux de M. Garreau; il en ressort une différence à l'avantage de celui-ci de 13 0/0.

» Il me paraît impossible que, sur l'unique question actuelle, celle des prix, M. le rapporteur et MM.

les conseillers d'Etat ne se trouvent pas édifiés par les calculs.

» Quant au projet de lettre de M. Garreau à ses juges, c'est sous cette forme que je suis d'avis d'utiliser votre dernier résumé, que je vous demande la permission de résumer lui-même.

» Au reste, j'espère bien vous revoir à Paris prochainement, pour achever de mettre à flot le navire qui, près de sombrer, a été si heureusement relevé par vous, et, dans cette confiance, je vous renouvelle l'assurance des sympathiques et dévoués sentiments avec lesquels je suis tout à vous. »

En quittant Paris, j'avais promis à l'honorable M. Chapper de lui écrire à sa campagne, près Grenoble, afin de le tenir au courant de l'affaire à laquelle il portait tant d'intérêt et avait coopéré avec tant de zèle. Pendant son administration, comme préfet à Nantes, il avait été aussi à même que son prédécesseur, M. Maurice Duval, de connaître et d'apprécier MM. Seheult et Garreau, au double point de vue de leur aptitude aussi active qu'intelligente et de leur irréprochable probité, dans la conduite des travaux de notre cathédrale, qu'il se plaisait lui-même à suivre avec le plus grand intérêt et le plus grand soin. Aussi, son âme si honnête était-elle révoltée à l'aspect de toutes les iniquités dont il était témoin.

Quelques semaines après mon arrivée à Nantes, je lui écrivis que les choses étaient dans l'état où nous les avions laissées à Paris en nous quittant, et, par conséquent, en bonne voie. Je lui fis, en même temps, connaître, par aperçu, le nouveau travail que m'avait recommandé notre avocat, M. Huet, et auquel je venais de mettre la dernière main, pour livrer ce que j'appelais, un peu trop tôt, notre dernier combat.

Voici la réponse de M. Chapper, que je n'ai garde de passer sous silence, au point de vue de l'affaire elle-même, qui s'y trouve admirablement résumée en peu de lignes, et aussi parce qu'elle est à la fois l'un des plus sérieux témoignages que je puisse invoquer, et l'un des meilleurs souvenirs dont je puisse m'honorer.

« Poisat, près Grenoble, 24 septembre 1853.

» Monsieur et honorable ami,

» Je ne sais comment M. Garreau pourra jamais vous témoigner la reconnaissance qu'il vous doit, pour le secours inespéré que vous lui avez si généreusement prêté. Sans vous, il est évident que sa cause était perdue, car les mémoires, publiés de part et d'autre, n'avaient fait qu'embrouiller la question. L'administration, ne pouvant attaquer M. Garreau sur le mérite de l'exécution, lui reprochait l'exagération de ses prix, qui, disait-elle, avait été combinée entre l'architecte et l'entrepreneur, de manière à surprendre la bonne foi du ministre. On signalait l'absence des attachements formellement prescrits par le cahier des charges, pour servir de base aux prix du marché; on produisait des pièces qui démontraient, disait-on, que les devis étaient hors de toute proportion avec les prix réels; on disait à MM. Seheult et Garreau qu'ils avaient, il est vrai, un marché passé avec le ministre, mais on affirmait, et l'on prétendait prouver que le marché était le résultat de la fraude la plus grave et la plus coupable; on en demandait la résiliation, en raison de la déloyauté de ceux qui l'avaient rédigé.

» A cela, les avocats de M. Garreau répondaient que le marché était passé suivant les formes régulières, que les travaux étaient bien exécutés, et que tous ceux qui les avaient vus, les avaient jugés excellents; mais pas un mot sur les attachements dont l'absence était un des principaux griefs, aucune preuve de la sincérité des prix. On ne répondait pas à l'accusation, et on laissait subsister le reproche d'exagération frauduleuse des prix.

» Vous êtes venu, et au lieu de ce combat où les adversaires s'escrimaient dans le vide, vous avez pris l'administration corps à corps; vous avez fait retrouver les attachements dont on niait l'existence; vous avez discuté l'un après l'autre tous les prix de M. Seheult, et vous avez prouvé qu'ils étaient inférieurs à ceux des architectes accusateurs, à ceux de M. Lassus pour Notre-Dame de Paris, à ceux de M. X..., pour les églises qu'il a construites; vous avez ruiné, mis en poussière tous les arguments du mémoire administratif; puis vous avez pris l'offensive, et mis au grand jour le tissu d'intrigues intéressées dont on avait usé pour accabler M. Garreau.

» Enfin, quand l'ennemi vaincu a voulu traîner la

discussion en longueur, vous l'avez traqué dans son dernier retranchement, et vous avez décidé les juges à juger.

» Je ne saurais vous dire combien j'ai été touché de votre généreuse intervention dans cette interminable affaire, qui n'offrait que des difficultés, des ennuis, des dégoûts de toute sorte, la perspective de sollicitations sans fin, l'obligation de calculer sans cesse, d'écrire, de fouiller d'énormes et vieux dossiers; en un mot, un travail à faire reculer les hommes les plus déterminés. L'amour du bien, le besoin de faire obtenir justice à qui la réclame, le spectacle odieux de l'oppression du faible par le plus fort, vous ont fait quitter vos occupations et entreprendre un long et pénible voyage à Paris, où vous êtes resté jusqu'au moment où le succès a été assuré. Votre arrivée a été pour moi la cause d'une bien vive satisfaction. Elle m'a appris à vous connaître tout à fait. C'est un rare et précieux bonheur que de voir ainsi justifier et grandir encore l'estime que l'on a vouée, depuis de longues années, à un noble caractère, et de pouvoir honorer sans réserve une conduite aussi modeste que généreuse, aussi habile que désintéressée. Je ne vous ai pas dit combien j'avais été sensible à tout cela, mais vous m'avez deviné, et je vous sais bien bon gré d'avoir compris ce qu'il y avait de cordiale affection dans l'accolade du départ. Vous me dites que vous y répondez; je vous en remercie de tout cœur et avec grande joie. Savez-vous que j'espère vous revoir à Paris cet hiver? Votre post-scriptum m'a fait entrevoir cette possibilité, car vous me dites de vous faire connaître l'époque de mon retour dans la capitale, et j'ai conclu de votre question que vous aviez l'intention d'y revenir aussi. C'est là une bonne inspiration à laquelle il ne faut pas renoncer; pour moi, je serai à Paris au commencement de décembre.

» Il faut finir et vous dire adieu. Depuis que je suis ici, j'ai été très-occupé, très-peu maître de mon temps; j'ai pris les eaux, mais d'une manière interrompue et fatigante; je n'ai presque rien fait de ce que je comptais faire, mais c'est ainsi que va le monde, et je n'ai pas la prétention de le réformer.

» Adieu donc, à bientôt, je l'espère.

» En attendant, je vous serre cordialement et affectueusement la main.

» Votre ami, CHAPPER. »

Comme on va le voir, nos prévisions, en apparence si bien fondées, n'étaient encore qu'un rêve, et nous n'étions pas, il s'en faut, arrivés au terme de nos tribulations. L'intrigue, qui s'était agitée dans tous les sens, n'était pas à bout de voies. Dans la haute position qu'elle occupait, elle ne pouvait se résoudre à baisser son pavillon devant un simple entrepreneur, qu'elle calomniait indignement et qu'elle traitait d'insulteur quand il se défendait des grossières calomnies dont il était l'objet.

La question, en effet, était très-grave pour le ministre lui-même, qui, malheureusement, s'était, par excès d'abandon, beaucoup trop engagé dans cette détestable intrigue; car, en la résumant, il s'agissait, pour le Conseil d'Etat, de décider si MM. Seheult et Garreau avaient consciencieusement rempli toutes les obligations par eux contractées envers l'Etat, ou s'ils les avaient sciemment éludées pour réaliser des bénéfices illicites. Ou ils étaient d'honnêtes gens indignement calomniés, ou ils ne l'étaient pas. Au point où la discussion était arrivée, on ne pouvait rendre justice aux uns, sans flétrir et stigmatiser les autres. Pas de moyen terme possible; d'un côté comme de l'autre, il fallait ou vaincre ou se soumettre publiquement à la confusion d'une honteuse défaite.

C'est entre ces deux extrêmes que l'intrigue se débattait encore et allait tenter un dernier effort.

En effet, le 15 octobre, au moment où le Conseil d'Etat venait de reprendre le cours de ses travaux, on fait signer au ministre, oui, je le dis à dessein, on fait signer au ministre, car on ne peut raisonnablement supposer qu'il l'eût fait, s'il en avait pris la moindre connaissance, une longue lettre adressée au président de la section du contentieux, dans laquelle il revient sur tous les griefs si longuement énumérés dans les rapports de MM. Lassus et Durieu; et pour les relever du discrédit où ils étaient désormais tombés, il vient, chose incroyable, attester la moralité de ces deux hommes, en proclamant *les soins consciencieux, l'esprit de justice*, et, de la part de M. Lassus, *l'absence de tout sentiment personnel de partialité*, qu'ils ont apportés dans toute cette affaire!!!

Une pareille lettre, à l'adresse du rapporteur, était

plus qu'un avertissement, c'était une menace, et l'on verra plus loin que ce ne fut pas la dernière.

Si, à l'avance, on n'eût été bien fixé sur ce fait, que cette infernale intrigue, organisée par une coterie composée, en partie, d'hommes assez haut placés, a été, depuis le commencement jusqu'à la fin, conduite et gouvernée sous leur secrète influence, cette dernière lettre du ministre en serait une preuve évidente.

C'est à l'aide de cette influence secrète, on ne saurait en douter, qu'on a obtenu, pour tant d'actes infâmes, tant de mauvaises pratiques, le cachet de la signature du ministre, qui ne tardera pas, au surplus, à le reconnaître lui-même et à en faire l'aveu.

Quoi qu'il en soit, l'avocat de M. Garreau, M. Huet, qui redoutait beaucoup moins nos adversaires par leurs arguments que par leurs intrigues, dans la haute position qu'ils occupaient, se montrait assez préoccupé de cette dernière manœuvre, dont j'étais, pour mon compte, beaucoup moins impressionné.

Voici, à ce sujet, ce qu'il m'écrivait, le 25 octobre, après avoir pris communication de la lettre du ministre, du 15 du même mois, dont je viens de parler :

« Monsieur,

» De la nouvelle production faite par les adversaires de M. Garreau, il n'y a, ce me semble, à considérer que la note relative aux prix. Il serait fâcheux qu'une erreur eût été commise par M. Auger, car, dans l'état de suspicion où l'on place l'architecte et l'entrepreneur, on en abuserait. Il faut donc répondre à cette note, non pas par un mémoire, il y en a trop, mais par une lettre que nous adresserons au ministre, pour pouvoir en adresser copie au rapporteur, sans recourir aux formalités de signification et de dépôt avec frais. L'essentiel, c'est de répondre catégoriquement. Sans doute, nous devrons dire qu'après avoir produit une série de 13 prix, puis une série de 20 prix, et avoir vu ces séries de prix anéanties, on n'a pu critiquer qu'un seul article, ce qui est passer condamnation sur le reste ; mais mieux vaudrait n'être pas en défaut, même sur un seul prix.

» J'espère que vous nous arriverez vers la fin de novembre ; d'ici là, vous allez dresser vos batteries, et, lors de votre arrivée, vous agirez comme vous l'avez déjà fait. Voilà bien des tracas, bien des combinaisons, pour tâcher d'obtenir la chose la plus juste du monde, mais il y a de ces affaires sur lesquelles plane une indéfinissable fatalité, et celle de M. Garreau est du nombre. Il a cent fois raison en équité, en fait, en droit, mais il a affaire à des adversaires qui parlent au nom de l'administration, au nom de l'Etat ; c'est un levier pour eux. Espérons, pourtant, que la lumière pénétrera dans le dédale où l'on a entraîné le pauvre M. Garreau, si loyal et si honnête, et qu'en fin de compte justice lui sera rendue. Vous y aurez coopéré pour une grande part, Monsieur, et, en me félicitant de votre si utile concours, je vous prie de croire aux sentiments aussi distingués que dévoués, etc. »

Dans le même temps, M. Garreau reçut, de la part d'un compatriote qui portait intérêt à sa cause, la proposition de lui venir en aide, en faisant intervenir dans le débat, un grand personnage, dont la puissante influence pourrait en imposer à l'intrigue, aussi haut qu'elle fût placée. Dans ce but, il lui remit une recommandation chaleureuse dont il me fit part. A tort ou à raison, je n'acceptai cette offre de service, dont, pour ma part, je fus très-reconnaissant, que sous bénéfice d'inventaire.

Dans le cours de cette affaire, devenue si difficile et si tourmentée par l'intrigue, j'avais toujours été en méfiance des hommes, même les mieux intentionnés et les plus accrédités, qui ne l'avaient point assez étudiée pour la bien comprendre et, par conséquent, la bien expliquer. En les mettant en face d'arguments aussi subtils que ceux de nos adversaires, sans être sûrs de leur opposer, à l'instant même, une réfutation péremptoire, c'était, à mon avis, s'exposer à fléchir sous le poids de la moindre objection et compromettre ce que l'on avait à cœur de recommander.

Notre avocat, qui, sûr de son droit, ne voyait désormais que la grande difficulté d'atteindre et de débusquer l'intrigue dans les hautes régions où elle tenait ses assises, insistait, au contraire, pour mettre à profit l'occasion qui nous était si cordialement offerte, et c'est à cette fin que, le 30 octobre, cinq jours après sa dernière lettre que je viens de citer, il m'écrivit les quelques mots que voici, qui prouvent, par le rapprochement des dates, à quel point il était préoccupé des intérêts de son client, avec lesquels il s'était, comme je l'ai déjà dit, si complétement identifié, qu'il n'était plus pour lui seulement un avocat, mais un ami plein de zèle et de dévouement:

« Monsieur,

» L'impulsion que vous avez donnée à l'affaire de M. Garreau se fait sentir ; il y a, en ce moment, une recrudescence d'animation, parmi vos amis, qui me fait regarder comme opportune la lettre de la personne que vous connaissez, pour le haut personnage dont elle a la confiance et l'amitié. Je ne peux trop, donc, vous inviter à faire agir de ce côté, pour que de bonnes paroles, en faveur de la plus juste des causes, tombent du plus haut possible. Sans nul doute, la lumière se fera, malgré les adversaires de M. Garreau ; mais, plus le flambeau aura de branches, plus on y verra clair, et le jour où le nuage disparaîtra, la vérité apparaîtra dans tout son éclat, et vous serez heureux d'avoir tant contribué à sa manifestation, comme je le serai d'avoir mis quelques pierres à l'édifice d'une si bonne défense.

» Agréez l'expression de mon sympathique dévouement. »

Quoi qu'il en soit, je persistai dans mon opinion, et la démarche n'eut pas lieu.

Au surplus, les griefs, plus fortement accentués que jamais, contre MM. Seheult et Garreau, dans cette dernière lettre du ministre ; les reproches à l'adresse de l'entrepreneur, pour les termes irrévérencieux dont il s'était, disait-on, toujours servi dans ses défenses, et qui se reproduisaient plus vifs encore dans sa dernière réplique, témoignaient de l'esprit d'irritation qu'elle avait fait naître. Cela se comprend aisément, car, d'une part, elle effaçait, en les vouant au ridicule, les derniers chiffres de M. Lassus, et ceux qu'il avait empruntés pour les certifier véritables; et, d'autre part, faisait clairement ressortir que l'enlèvement de papiers, reproché à M. Lassus, à Nantes, chez M. Seheult et à l'évêché, avait été tout aussi bien pratiqué dans les cartons du ministre, puisque celui-ci, dans sa réponse au président de la section du contentieux, disait, *qu'après bien des recherches*, il ne pouvait produire que *4 pièces sur 16* qu'on lui réclamait.

Toutefois, il fallait un prétexte quelconque à cette dernière lettre du ministre, qui ne contenait que des appréciations morales, comme on vient de le voir, assez compromettantes pour lui.

Après des redites usées, et dont le bon sens le plus vulgaire avait fait bonne justice, on aurait voulu trouver une preuve, si petite qu'elle fût, ou même un semblant de preuve, des griefs articulés par MM. Lassus et Durieu, que l'on faisait revivre sous la plume du ministre.

« A qui veut condamner, il ne faut qu'un prétexte :
» Le Conseil trouvera facilement un texte. »

Tel était ici le dernier espoir des adversaires.

L'attaque des 13 prix, celle plus récente des 20 prix avaient bien à peu près complétement échoué, même dans l'esprit des adversaires, puisqu'ils vont désormais n'en exhumer qu'un seul, le 13e prix, relatif aux tufs gabariers, pour le faire revivre, disent-ils, dans toute sa force.

Par conséquent, la discussion, qui, d'abord, portait sur 13, puis sur 20 prix, doit désormais se concentrer sur un seul; mais ce prix a été tellement exagéré dans les devis de M. Seheult, disent les adversaires, que, par cela même, on peut se faire une juste idée de l'exagération de tous les autres : — *ab uno disce omnes !*

N'est-ce pas ici le vertige de l'homme qui se noie et se rattache à un brin d'herbe ?

Pour bien apprécier la moralité de l'attaque sur ce point, disons, tout d'abord, que la discussion honteuse et confuse de ce dernier prix se produisait à la section du contentieux, sous le voile de l'anonyme. Et pourquoi cette modestie, qui cadrait si mal avec les expressions outrageantes et publiques, signées Lassus et Durieu, à l'adresse de MM. Seheult et Garreau ? Parce que l'auteur, mal caché, de cette note anonyme, ne pouvait la signer, sans assumer sur lui la responsabilité d'un grossier mensonge, et, comme on l'a prouvé, sans se déjuger lui-même.

Certes, on aurait pu, sans aucun risque, se dispenser de répondre à ce dernier et ridicule effort de l'attaque; mais, comme il importait que la lumière se fît, sans aucune exception, sur tous les points du débat, on voulait poursuivre l'ennemi jusque dans son dernier refuge, où il fut atteint et vaincu sans beaucoup de peine, car la résistance n'était plus possible.

Voici, au sujet de la communication que je lui avais faite de ma réplique au ministre, ce que m'écrivait, de Paris à Nantes, mon excellent ami Bignon, conseiller maître à la cour des comptes. Je reproduis sa lettre, non-seulement parce qu'elle exprime, en termes énergiques, le sentiment de juste indignation dont il était animé, mais comme l'un des meilleurs témoignages que je puisse invoquer de la part de ce compatriote si honorable et si honoré dans notre ville :

« Paris, 5 décembre 1853.

» Mon cher Jollan,

» J'ai reçu samedi, avec votre bonne lettre du 2, la copie de la note jointe à la lettre du ministre des cultes du 15 octobre dernier, et le projet de réponse à cette note : merci de ces communications, car, ainsi que vous le pensez sans doute, je ne saurais rester indifférent aux moindres incidents de cette éternelle et déplorable affaire.

» J'ai lu ces deux pièces avec toute l'attention qu'excite en moi le vif intérêt que m'inspire cette cause, si juste, si simple et pourtant si tourmentée, qu'on cherche à compliquer pour la rendre difficile et, s'il se peut, impossible à juger !

» Je voulais vous écrire immédiatement après la lecture de ces deux documents ; mais, vous le dirai-je, et je vous en fais ma confession, je ne suis plus de sang-froid lorsque je parle ou que je lis quoi que ce soit de cette affaire ; à plus forte raison quand j'ai sous les yeux ce factum revêtu du laisser-passer du ministre. J'ai donc laissé s'écouler quarante-huit heures, afin de maîtriser le sentiment d'indignation qu'avait fait naître en moi la lecture de cette note. Plus calme aujourd'hui, je me borne à dire que ce document résume, à lui seul, toute la moralité de cette affaire, en ce qui touche les moyens d'opposition au pourvoi dont le choix a été si imprudemment abandonné par l'administration, à l'appréciation d'un agent irresponsable qui la compromet. Je ne connais rien de plus perfide dans la forme et de plus sciemment faux au fond. Vous voyez l'auteur anonyme s'attaquer seulement à un article sur une série de 20, et en prenant certainement celui sur lequel il croit avoir les meilleurs arguments; puis, pour paraître modéré, sembler faire des concessions qui n'en sont pas; tout cela accompagné de calculs qu'il faudrait déplorer sans doute, s'ils étaient le résultat d'une erreur sincère, et déclarer, par conséquent, excusables, mais qu'il faut qualifier de criminels, lorsque cette erreur est volontairement préparée pour tromper la justice. Oh! mon cher Jollan, combien est coupable l'auteur anonyme de toutes ces notes, qui, pour la satisfaction de son amour-propre et de ses passions haineuses, ne craint pas de compromettre l'administration, et de pousser la justice dans de fausses voies! J'ajoute qu'un ministre est bien à plaindre, quand, pour sa défense, il est réduit à se servir de pareils agents.

» Vous avez donc bien fait, malgré la complication qui peut résulter de l'accumulation des pièces du procès, de préparer une réponse à cette note ; je n'ai aucune objection à présenter contre sa rédaction, je ne peux que vous féliciter de cette réfutation péremptoire, et d'avoir été assez maître de vous pour n'y avoir laissé aucune trace de notre juste indignation.

» Quel sera le résultat de tant d'efforts ? La justice triomphera-t-elle enfin ? Je ne sais ; mais, quelle que soit l'issue, ce sera une belle page de votre vie, que celle qui rappellera à la mémoire des honnêtes gens tout ce que vous avez employé de temps, d'efforts et de talent, à la défense d'une si juste cause, et pour faire triompher la justice au profit de deux hommes honorables !

» Tout à vous de cœur. »

M. Maurice Duval, auquel j'avais fait la même communication, me répondit en termes attestant trop bien l'intérêt qu'il portait à l'affaire et qui se révèlent ici par l'empressement et l'effroi, pour que je n'en fasse pas mention.

« Paris, 8 décembre 1853.

» Monsieur,

» Aussitôt la réception de votre lettre du 2 de ce mois et des pièces annoncées, je suis allé chez M. Huet pour en hâter la remise ; mais il était parti pour la campagne jusqu'à lundi. Craignant que la connaissance de vos arguments si forts ne fît défaut au rapporteur, je les lui ai fait parvenir. Vous ne me désapprouverez pas, je l'espère, car vous n'avez pas fait briller si puissamment la lumière, pour qu'elle restât sous le boisseau.

Néanmoins, malgré l'évidence du droit, la bonté et la justice de la cause, en face des indignes intrigues qui s'agitent sous nos yeux, je ne suis pas sans inquiétude.

» Vous avez rendu un immense service à l'honnête homme que l'on veut ruiner, en ne se contentant pas de le calomnier ; vous avez fait briller au plus grand jour l'évidence de son bon droit ; mais, je vous le dis avec conviction, si vous n'êtes pas là, pour tenir en respect les déserteurs au moment du jugement, je tremble sur l'issue. Vous avez trop fait pour ne pas aller jusqu'au bout. Pour ma part, je serai heureux de vous revoir et de vous exprimer, encore une fois, toute mon estime, pour l'appui aussi puissant que désintéressé que vous avez généreusement prêté à l'homme de bien persécuté.

» Veuillez agréer, Monsieur, la nouvelle assurance de ma considération la plus distinguée. »

A ce dernier procédé de l'attaque, il faut en ajouter un autre qui mérite d'être signalé.

On a vu que le ministre, par le résultat de ses recherches, croyait avoir vidé ses cartons ; point du tout, et en voici la preuve. M. le directeur des cultes, cette fois c'est lui qui signe, adresse, sous la date du 15 décembre, à M. le président de la section du contentieux, une lettre accompagnée de deux gros paquets contenant..... quoi ? — *Quarante exemplaires du fameux rapport Durieu !* en le priant de donner des ordres pour les faire distribuer à MM. les membres du Conseil d'Etat, *et de lui en accuser réception.*

Quelle était donc la pensée des adversaires, en faisant circuler un papier aussi complétement démonétisé, si ce n'est que le mensonge, répété, colporté, passant de bouche en bouche, finit par recevoir une sorte d'empreinte, et qu'il ne faut qu'un mauvais moment, pour qu'il soit accepté comme une vérité?

M. le directeur des cultes, il faut le reconnaître, avait ici perdu une belle occasion de se taire; car il va bientôt voir sa lettre *regrettable* en présence du sentiment exprimé *sur ce regrettable procès*, par son ministre détrompé, qui, dans son appréciation du mémoire Durieu, ne se contente pas d'en faire la critique, mais sur lequel il s'appuie pour accorder à M. Garreau, indépendamment des autres indemnités matérielles dont il lui fait raison, celle de 68,000 fr., pour le préjudice *moral* qu'a pu lui causer la distribution de ce libelle, dans la ville de Nantes et ailleurs.

Comme on le voit, le serpent de l'intrigue, auquel on croyait avoir broyé la tête, nous menaçait encore.

---

§ VII. — 1854.

Je me rends à Paris avec M. Garreau (6 janvier). — Pour toute réplique au dernier procédé de l'attaque, nous demandons simplement, et l'on nous y autorise, à exposer les plans de la cathédrale de Nantes dans la grande salle d'attente du Conseil d'Etat. — L'exposition nous réussit au-delà de nos prévisions. — Explication des états

mensuels par la décomposition de tous les chiffres. — Lettre d'envoi au rapporteur (22 février). — Intrigues inouïes des adversaires, dans le but de faire remplacer le rapporteur au moment où il touchait au terme de son travail. — Résistance opiniâtre de notre côté. — Lettre de M. Maurice Duval à l'un des conseillers. — Dernière chicane de l'attaque, désormais aux abois. — Séance du Conseil d'Etat, toutes sections réunies (12 mai). — Décret approbatif de l'Empereur (24 mai). — Requête au ministre, tendant à obtenir des indemnités, pour le préjudice causé à M. Garreau par suite du procès. — Règlement du compte de M. Garreau avec le ministre, certifié sincère et véritable, par qui?.... par M. Lassus!

L'affaire en était à ce point, lorsque je me rendis à Paris, avec M. Garreau, dans les premiers jours de janvier. Nous avions quitté nos amis, remplis, comme nous, d'espoir dans le succès de notre affaire, et je ne tardai pas à m'apercevoir que cet espoir s'était singulièrement modifié, en présence, surtout, de la dernière lettre du ministre, si agressive contre nous, et on peut dire si tranchante à l'égard de nos juges, et de cette distribution du mémoire Durieu, qu'on venait de faire à tous les membres du Conseil d'Etat, au moment où ils allaient être appelés à prononcer, en dernier ressort, toutes sections réunies, sur cette *grosse et grave affaire*, tour à tour ainsi qualifiée par le ministre, dans ses dernières communications à la section du contentieux.

Notre avocat, M. Huet, nous disait, d'un ton peu rassurant, que la raison du bon droit et de la parfaite équité avait été démontrée jusqu'à sa dernière évidence; qu'à cet égard il ne restait plus rien à faire, mais que la lutte n'en était pas moins opiniâtre de la part du ministre; que, de ce côté, il y avait parti pris de combattre, *per fas et nefas*, jusqu'à la dernière extrémité, et que, dans cette situation, on ne pouvait répondre de rien.

M. Maurice Duval, plus à même, par sa position, d'observer le redoublement d'intrigues de nos adversaires, était sous le coup des mêmes préoccupations, et nous disait, en s'identifiant à notre cause: « Après l'avis de la section du contentieux, il nous reste à subir deux épreuves : l'avis de toutes les sections réunies, et, en dernier ressort, la signature de l'empereur.

» Il est évident pour moi, disait-il, que c'est sur ces deux points que les adversaires, repoussés sur tous les autres, intriguent et fondent leurs dernières espérances. La dernière lettre du ministre et la distribution qu'on vient de faire, aux membres du Conseil d'Etat, du mémoire Durieu, en est la preuve. Cette perfide manœuvre est d'autant plus dangereuse, ajoutait-il, que moi qui ai longtemps fait partie du Conseil d'Etat, je sais qu'il est impossible à la plupart des conseillers d'étudier toutes les affaires, et à plus forte raison celle-ci, et que, dans ce cas, ils votent, d'après leurs impressions, comme des jurés. »

Ces tristes réflexions étaient bien de nature à nous préoccuper nous-mêmes, mais heureusement que notre courage n'en fut point affaibli.

Toutefois, les dernières paroles de M. Duval, qui éclairaient parfaitement la situation, nous firent sentir, qu'après avoir épuisé tous nos arguments et tous nos moyens pour défendre notre bon droit, il ne nous restait autre chose à faire, que d'opposer aux dernières intrigues de nos adversaires la preuve évidente pour tous qu'elles ne pouvaient résister à la plus simple démonstration.

C'est dans ce but qu'il nous vint à la pensée de demander l'autorisation de déposer les plans de la cathédrale dans le salon d'attente du Conseil d'Etat, ce qui nous fut accordé.

Le plan par terre de la cathédrale, fait sur une échelle d'un centimètre pour mètre, représentait en longueur 1^{m} 20 et en largeur 0^{m} 60; les plans en élévation, à l'échelle de deux centimètres pour mètre, présentaient en hauteur plus de 2^{m} 20; le dessin figurant chaque mur, divisé par des barres horizontales, indiquait les travaux exécutés dans l'année; chaque pierre portait un numéro d'ordre, marqué à l'encre rouge, qui se rapportait aux numéros inscrits sur les attachements, et que l'on retrouvait encore dans les carnets de chantier, et même sur les mains courantes.

A l'aide de ces plans, il était aisé de reconnaître, *de visu*, avec quel soin et quelles précautions on avait tenu ces attachements dont on se faisait une arme contre MM. Seheult et Garreau, et dont l'absence n'était signalée par MM. Lassus et Durieu que parce qu'ils les avaient dérobés, tant chez M. Seheult que dans les cartons du ministère.

Notre exposition eut tout le succès que nous en avions espéré; ce fut un grand coup porté à nos adversaires, qui s'en montrèrent fort déconcertés. Ces plans attiraient l'attention de MM. les conseillers, et nous donnaient chaque jour, à leur entrée et à leur sortie des audiences, l'occasion de leur en expliquer toutes les parties.

Cette idée avait fait sourire le rapporteur, qui, après avoir examiné, avec la plus scrupuleuse attention, tout ce qui touchait de près ou de loin aux attachements, tant et si longuement contestés, soutenait, je me sers de ses expressions, qu'ils étaient *beaucoup plus sérieux et plus honnêtes* que ne l'avait exigé l'administration.

Ces explications données sur les plans, furent, pour nous, l'occasion d'en donner beaucoup d'autres sur l'ensemble de l'affaire, et, notamment, sur cette manœuvre de mauvaise guerre que l'on venait de pratiquer, en faisant distribuer ce rapport Durieu, dont les exagérations étaient désormais tombées dans le mépris, tout aussi bien que leur coupable auteur.

Comment s'expliquer, disions-nous, que le ministre, qui vient d'exclure du ministère M. Durieu, probablement dans la crainte qu'il ne fût appréhendé au corps sur son siége de directeur général, puisse aujourd'hui recommander ses œuvres à MM. les conseillers d'Etat? Cela est incroyable! Il est trompé, comme il l'a été dans tout le cours de cette affaire, et ce n'est ici qu'une audacieuse intrigue que les adversaires honteux de M. Garreau ont encore voulu revêtir du cachet du ministre, pour tâcher de l'accréditer auprès des membres du Conseil d'Etat.

Le rapporteur, pendant ce temps, continuait son

travail avec une persévérance et des soins minutieux, dont il était aisé de s'apercevoir par les explications fréquentes qu'il nous demandait. On comprend, en effet, que, dans une affaire où la responsabilité du ministre était si fâcheusement engagée, il ne devait laisser sans réponse aucune objection de sa part, quelque peu importante qu'elle fût.

Ainsi, les états mensuels, dont la tenue n'avait point été prescrite par l'administration, mais que M. Seheult avait fait établir, dans le but unique de l'éclairer davantage sur la situation des dépenses de l'entreprise, à mesure de l'avancement des travaux; ces états, dis-je, avaient été l'objet d'une critique aussi blessante que mal fondée de la part de MM. Lassus et Durieu, car ils osaient affirmer qu'ils contenaient des dépenses tellement fabuleuses et tellement injustifiables, qu'il était impossible de s'en rendre aucun compte, et qu'évidemment, ils n'avaient été faits que dans le but coupable de couvrir des bénéfices illicites.

Le rapporteur, tout en reconnaissant qu'il pouvait se dispenser de les discuter, puisqu'ils n'étaient point obligatoires, se montrait, néanmoins, désireux que quelques sommes, seulement, qu'il avait indiquées par des marques au crayon rouge, fussent décomposées, pour en présenter l'emploi de la manière la plus claire et la plus saisissante.

Je dis à M. Garreau que nous devions encore ici aller au-delà des vœux du rapporteur, et lui donner une satisfaction plus complète que celle qu'il demandait.

Pour arriver à ce but, nous ne perdîmes pas un instant; plusieurs copistes furent mis à l'œuvre, et, au moyen d'un travail long et minutieux, qui nous avait pris, seulement pour la mise au net, deux jours et deux nuits, M. Garreau fut en mesure de présenter la justification, *au centime près*, de toutes les dépenses portées aux états mensuels, comparées à celles inscrites sur ses livres de dépenses journalières, où chaque article était décomposé dans ses plus minces détails.

Le rapporteur, qui, chaque jour, exigeait de nouveaux renseignements, pour répondre aux demandes plus que jamais incessantes de l'administration, était impatient, et ses premières paroles, en voyant M. Garreau, furent un reproche de ce qu'il croyait être une négligence de notre part. M. Garreau n'eut pas de peine à s'en excuser, en lui présentant ces états mensuels qui ne laissaient rien à désirer. M. le rapporteur, en lui en exprimant sa complète satisfaction, lui dit : « Je n'avais pas demandé tout cela ; c'est un travail de bénédictin ; remerciez-en l'auteur, mais ménagez-le davantage, car vous aurez besoin de son aide et de son concours jusqu'à la fin de votre affaire. »

Encore bien que le rapporteur fût désormais trop avancé dans l'étude de l'affaire, pour ne pas l'apprécier au point de vue du droit et de l'équité, ces dernières paroles indiquaient assez qu'il prévoyait encore bien des entraves et des chicanes, auxquelles il ne pouvait, quelque futiles qu'elles fussent, se dispenser de répondre, présentées qu'elles étaient sous le cachet du ministre.

Cette remise des états mensuels et autres pièces importantes aux mains du rapporteur, était accompagnée, pour en préciser l'envoi, de la lettre suivante:

« Paris, le 22 février 1854.

» Monsieur le rapporteur,

» J'ai l'honneur de vous donner en communication, en vous priant instamment de vouloir bien y jeter les yeux, les pièces dont suit la nomenclature :

» 1° Un cahier contenant les états mensuels relatifs aux travaux de la première période, avec un relevé de mes livres et carnets de chantier, qui justifient, *au centime près,* de l'emploi des sommes portées à ces états.

» 2° Un cahier de carnets d'expériences, justifiant les énonciations faites aux pages 14 et 15 de mon mémoire du 1er-8 septembre 1850.

» 3° Un exemplaire de ce mémoire, avec les observations indiquées par des fiches.

» 4° Un plan des travaux de la cathédrale, auquel se trouve annexé un tableau résumé et analytique des décomptes de ces mêmes travaux.

» 5° Une copie de la lettre du 12 septembre 1846, réclamée à M. le ministre par M. le président de la section du contentieux, par sa lettre du 21 avril 1853.

» Cette communication, qui vient encore ajouter à celles que j'ai faites précédemment, me paraît d'autant plus utile, que l'on fait encore revivre contre

13

moi des imputations de dol et de fraude, qu'il est de mon honneur de combattre jusqu'à la fin, et qui ne sauraient résister à la simple vérification des pièces que j'ai l'honneur de vous transmettre, et sur lesquelles je puis, au surplus, vous donner toutes les explications que vous jugerez convenables.

» J'ai l'honneur d'être, avec une respectueuse confiance, etc. »

Notre affaire semblait bien marcher de tous les côtés ; mais, pendant que nous nous réjouissions de gagner chaque jour du terrain et de déconcerter de plus en plus l'intrigue, le bruit d'une nouvelle très-alarmante se répandit et sembla prendre une certaine consistance. Le rapporteur, presqu'à la fin de son rude labeur, fut menacé, sous prétexte d'une affection de la vue causée par excès de travail, d'être remplacé dans ses fonctions.

Dans cette affaire, où un président de la section du contentieux, M. Maillard, et cinq rapporteurs avaient été successivement remplacés, on pouvait s'attendre à tout ([1]); aussi le rapporteur s'en montra-t-il très-ému, et, malgré sa fatigue, redoubla d'activité, en affectant l'assurance qu'il n'éprouvait désormais aucun empêchement pour l'achèvement de son œuvre, qui, au surplus, touchait à sa fin.

Nos amis, que nous tenions au courant de ce qui se

([1]) MM. Cornudet et Reverchon, remplacés au Conseil d'Etat en même temps que M. Maillard, président de la section du contentieux, avaient été précédés, dans leurs fonctions de rapporteurs, par MM. Jouvencel, Boudet et Lavenais, auxquels elles avaient été enlevées au moment où ils étaient déjà très-avancés dans l'étude de l'affaire !

passait, commençaient à comprendre, comme moi, que cette dernière manœuvre de nos adversaires (la distribution du mémoire Durieu) tournerait à leur honte et nous ferait plus de bien que de mal, puisqu'elle nous avait donné l'occasion d'éclairer, par la plus simple démonstration, tous ceux qu'ils essayaient de tromper.

Mon honorable ami, M. Bignon, nos anciens préfets, MM. Maurice Duval, Chaper et Gauja, dont les noms respectés se recommandent au souvenir reconnaissant et à la haute estime des Nantais, s'empressaient, de leur côté, de propager leur opinion sur la moralité des hommes qu'ils connaissaient si bien, et sur la vérité des assertions qu'ils invoquaient contre l'évidente imposture de leurs adversaires.

Voici la lettre qu'écrivait, à ce sujet, M. Duval à l'un des conseillers les plus distingués par ses lumières et sa scrupuleuse probité. Elle mérite d'être citée, non-seulement comme preuve irrécusable de tout l'intérêt qu'il attachait à la cause si juste de MM. Seheult et Garreau, mais encore de son estime toute particulière pour eux.

« Paris, le 8 mai 1854.

» Mon cher monsieur,

» Je me proposais d'avoir l'honneur de vous voir et de vous entretenir d'une affaire dont vous devez prochainement connaître au comité du contentieux. Malheureusement, arrivant vendredi prochain, elle me prend au milieu d'un enrouement qui me laisse à peine la parole.

» Votre vieille amitié m'accordera, je l'espère, d'être suppléé dans cette tâche, que je regarde *comme sainte*, par M. Jollan, ancien député de Nantes, qui, je n'en doute pas, est déjà connu de vous.

» Avec moi, M. Jollan s'est livré à l'étude du mystère de calomnies odieuses, mais habilement ourdies; il en tient complétement le fil, et vous le déroulera mieux encore que je ne l'eusse fait.

» Vous m'accorderez quelque estime comme sincérité; c'est à ce sentiment que je fais appel en vous disant que l'affaire Garreau, entrepreneur de la cathédrale de Nantes, est une de celles, où, dans ma longue carrière administrative, j'ai vu s'amasser le plus de mensonges et d'indignes pratiques contre un seul homme, pour couvrir les torts de ses calomniateurs.

» Je ne donnerai aucun développement à ce qui précède: M. Jollan connaît ce tissu de calomnies dont il a séparé tous les fils; il les déroulera sous vos yeux. Il est entré dans les plus minutieuses investigations sur tous les moyens employés pour ensevelir la vérité sous le mensonge. Il vous dira que c'est moi qui ai engagé le sieur Garreau à se charger de l'édification de ce monument, dont j'avais obtenu avec beaucoup de peine l'achèvement; que c'est moi qui ai, plusieurs fois, avec mon ami Bignon, retenu le sieur Garreau, qui voulait quitter ces travaux peu lucratifs et dangereux. Il vous dira que je considère l'architecte et l'entrepreneur comme deux des hommes les plus probes que j'aie honorés dans toute ma vie administrative, et que, depuis six ans, je me suis attaché à leur cause, pour empêcher la plus criante injustice qui puisse être commise, et que ma seule sollicitation auprès du directeur des cultes s'est réduite à demander *qu'il condamnât le sieur Garreau, parce qu'il y a un Conseil d'Etat qui jugera en dernier ressort.* Extrémité encore moins dangereuse que de le ruiner par un déni de justice.

» Je ne dirai plus rien de l'affaire au fond. Veuillez entendre M. Jollan avec la bienveillance que vous m'accorderiez, et, dans le Conseil, la cause expliquée parlera suffisamment d'elle-même.

» Pardonnez-moi, mon cher monsieur, cette nouvelle importunité, mais tous les hommes honnêtes se doivent au triomphe de la vérité.

» Permettez-moi de vous renouveler l'assurance de mes sentiments de vive affection et de haute considération. »

Avec de pareilles armes nous pouvions nous défendre dans ce combat à outrance que nous livrait l'attaque. Pour mon compte, j'en fis usage sans aucun ménagement, et je ne tardai pas à m'apercevoir que tous les coups portés faisaient à nos adversaires de larges blessures.

C'est dans cette occasion encore, que j'eus l'insigne honneur d'être signalé, par eux, comme un homme passionné, luttant avec une énergie peu commune, disaient-ils, pour satisfaire à de prétendues passions politiques, dont je ne m'étais même pas douté, et qui, au surplus, n'avaient rien à faire dans ce débat. A les entendre, je ne m'y étais volontairement engagé, que dans le but unique de faire de l'opposition au gouvernement; c'est ainsi qu'ils traduisaient mes sentiments et mon concours dans cette affaire. La vérité est que notre résistance était aussi infatigable qu'énergique, mais que, d'un côté, la lutte était honnête et se montrait au grand jour, et que, de l'autre, elle ne l'était pas et n'agissait que dans les ténèbres.

Toutefois, ce que nous avions prévu n'était point une illusion, car dans la section du contentieux, pas plus que dans le Conseil, toutes sections réunies, il ne se trouva pas une seule voix en faveur des adversaires.

Nous approchions du jour où les débats allaient s'ouvrir en séance générale devant le Conseil d'Etat. Le rapporteur arrivait au terme de son minutieux et long travail, lorsqu'il fit connaître à M. Garreau qu'une explication sur l'emploi d'une somme de 3,000 fr. était l'objet d'une nouvelle demande de l'administration, mais qu'en raison de la conviction morale qui lui était désormais acquise et de sa minime importance, il ne jugeait pas utile qu'elle me fût communiquée, attendu qu'elle pourrait donner lieu à de nouvelles recherches, peut-être trop longues et trop fatigantes. Toutefois, M. Garreau m'en fit part, et aussitôt nous nous empressâmes de constater, au centime près, l'emploi de cette somme. La note qui contenait cette explication, fut immédiatement remise à M. le rapporteur, qui, après l'avoir soigneusement examinée, s'en montra très-satisfait, et dit à M. Garreau : « C'en est assez; après cette longue et dure épreuve, dans laquelle j'ai failli perdre la vue, le moment du repos est arrivé pour moi comme pour vos défenseurs. »

Nous étions à trois jours d'intervalle de la réunion du Conseil d'Etat en séance générale. Nous avions, depuis quelques mois, perdu l'assistance de notre avocat, M. Huet, nommé aux fonctions de président du tribunal d'Evreux. Cette circonstance avait causé une certaine satisfaction à nos adversaires, car ils avaient pu apprécier la haute capacité de notre dévoué défenseur, et ils pensaient, avec raison, qu'après six années d'étude de notre affaire, nul autre à mérite égal ne pouvait le remplacer, dans une plaidoirie, devant le Conseil d'Etat.

Cet incident avait éveillé quelques inquiétudes dans l'esprit de nos amis. M. Huet conseillait à M. Garreau de le remplacer par son successeur; M. Maurice Duval était de cet avis. J'étais seul à ne pas le partager, et je donnais pour raison que, sans contester le mérite du successeur de M. Huet, je regardais comme chose impossible qu'il pût, en si peu de temps, étudier et connaître assez notre affaire, pour la défendre, avec succès, dans un débat oral auquel était préparé depuis longtemps, comme avocat de l'administration, un confrère dont le talent était, d'ailleurs, bien connu; qu'au surplus, l'affaire étant désormais bien instruite, je pensais que nous n'avions rien de mieux à faire que de nous en rapporter à la justice et aux lumières du Conseil d'Etat; que, dans la pensée que cet acte d'abandon et de confiance de notre part, ne pouvait manquer de s'imposer à l'avocat de l'administration, j'osais, pour mon compte, accepter comme une bonne fortune, l'occasion de nous taire. Mon avis prévalut.

Le bon abbé Raguideau, qui nous avait donné de si nombreux et de si touchants témoignages d'intérêt et de sympathie dans tout le cours de cette affaire, arriva à Paris, le 10 mai, pour assister au grand débat qui allait s'ouvrir devant le Conseil d'Etat.

En lui apprenant la nouvelle qu'ayant perdu l'assistance de M. Huet, dont il appréciait tout le mérite et le parfait dévouement à la cause de M. Garreau, nous étions décidés à renoncer à toute plaidoirie devant le Conseil, il s'en montra d'abord effrayé, parce que, disait-il, nous ne réussirions point à imposer silence à une attaque qui lui paraissait aussi opiniâtre qu'elle était violente. Il se montrait, sur ce point, peu rassuré par les explications que je lui donnais.

Enfin, le grand jour arrivé, nous nous rendons au Conseil, et, peu après, la séance est ouverte.

Après la lecture du rapport, le conseiller remplissant les fonctions de commissaire du gouvernement, prit la parole, et je ne tardai pas à reconnaître, à la clarté de sa discussion, à la sûreté des détails les plus minutieux dans lesquels il entrait, qu'il avait, comme le rapporteur, mis tous ses soins à l'étude de cette longue et difficile affaire, et pénétré jusqu'à fond tous les secrets de l'intrigue.

Dans sa consciencieuse appréciation de tous les faits qui l'avaient accompagnée, il n'hésita pas à venger, par un éloge chaleureux et à coup sûr bien mérité, MM. Seheult et Garreau des calomnies dont ils avaient été l'objet, et, malgré toute sa réserve, il ne put, dans un sentiment d'indignation mal contenu, s'empêcher de signaler, en les flétrissant, certains actes des adversaires, au nombre desquels figuraient, notamment, les rapports si agressifs et si mensongers de MM. Lassus et Durieu.

Pour caractériser les bonnes paroles du ministère public, il nous suffit de citer ces quelques mots du bon abbé Raguideau. Tout ému de ce qu'il entendait, il me dit, en se penchant à mon oreille : « Vous m'aviez dit que vous n'auriez pas d'avocat... » A quoi je répondis : « Cela est vrai, et celui que vous entendez avait mission de nous combattre. *Apparemment qu'il se trompe ou qu'on s'est trompé.* »

Le président ayant interpellé M. Garreau sur ce qu'il pouvait avoir à dire, il fut répondu qu'il s'en rapportait à la justice du Conseil; et, sur la même interpellation, l'avocat de l'administration, muni d'un énorme dossier, en fit tout autant, sur le signal qui lui en fut donné par M. le sous-directeur des cultes, représentant le ministre.

La séance levée, bien des félicitations nous attendaient et nous furent adressées avec effusion, en sortant de l'audience. L'un des conseillers, faisant allusion à l'absence de notre défenseur, me dit : *Vous avez fait là une chose très-habile et de bon goût.*

Le décret, adopté le 12 mai, approuvé le 24 mai suivant par l'empereur, vint enfin mettre un terme à ce long et scandaleux procès, dont jusque-là, et au dire des plus anciens membres du Conseil d'Etat, on n'avait pas eu d'exemple, tant pour le fond que pour la forme.

En vertu de ce décret, l'administration, déboutée sur tous les points de l'attaque contre MM. Seheult et Garreau, est condamnée à payer à celui-ci les sommes à lui dues par l'Etat, plus les intérêts composés à partir des époques où ils sont acquis.

Tant de personnes s'intéressaient à cette affaire, qu'il serait trop long de mentionner ici tous les témoignages de sympathie que nous avons reçus au sujet de son heureuse issue. Toutefois, je ne puis omettre celui si franc, si cordial et si expansif, de M. Jules Janin, gendre de notre avocat, M. Huet.

Je le vois encore dans son cabinet, au milieu de ses livres, la plume à la main, au moment où j'y entrais avec M. Garreau, pour lui annoncer la bonne nouvelle; je le vois, saisissant son bonnet et le tenant à la pointe du bras, s'écrier, dans un joyeux transport et avec un entrain sans pareil: *Vive la justice de mon pays! Vivent MM. Seheult et Garreau! Vivent leurs défenseurs!*

Plus tard, dans une lettre qu'il adressait à M. Garreau, il lui disait :

« J'avais parfaitement compris que vous étiez la victime d'une intrigue de bureaux, et qu'avec votre innocence et votre énergique volonté, vous finiriez par venir à bout des *bandits* qui voulaient faire de votre fortune un échelon à leur propre fortune. D'ailleurs, je crois à la justice de mon pays, et je crois aux honnêtes gens, à quelques honnêtes gens, sans lesquels il n'y aurait plus de société civile. Acceptez donc mes compliments tout simplement, et tels que je vous les ai faits. »

Quant aux lettres de félicitations qui, à cette occasion, furent adressées tant à MM. Seheult et Garreau qu'à moi-même, je me contenterai d'en citer ou reproduire quelques-unes qui se rattachent plus particulièrement aux faits et aux circonstances qui les ont accompagnés, et peuvent, comme je l'ai dit en commençant, servir à les confirmer ou à les compléter.

Chose singulière, au milieu de ces félicitations et de ces joies si expressives de nos amis, M. Garreau était devenu soucieux. A cette activité dévorante qui, jour et nuit, l'avait tenu en éveil, avait succédé un affaissement presque complet. Nos conversations, ordinairement si bien remplies et, parfois, si animées, étaient devenues languissantes et presque stériles. Dans l'une de nos promenades habituelles, où chacun de nous pouvait compter ses pas sans crainte d'être dérangé par l'autre, M. Garreau me dit en s'arrêtant : « Croiriez-vous, M. Jollan, que, depuis plus de six ans que je suis presque toujours ici, il me semble voir Paris pour la première fois ? » Puis, se parlant à lui-même : « J'ai donc été à la veille de perdre, non-seulement toute ma fortune, acquise par quarante années de travaux, de peines, de soins, d'ordre et d'économie, mais encore ma réputation d'honnête homme!... Quelle injustice! il me semble que c'est un rêve. »

Dans plusieurs de ses lettres, son avocat si dévoué, M. Huet, devenu président du tribunal d'Evreux, lui adressait le reproche de se montrer plus soucieux et plus triste après le succès de son affaire, qu'il ne l'avait été au milieu de tous les tourments qu'elle lui avait causés. C'est probablement après avoir fait la même remarque, que son gendre, M. Jules Janin, dans une lettre à M. Garreau, lui donnait le sage conseil de reprendre ses habitudes laborieuses, d'oublier les luttes passées, et de ne pas faire comme les invalides qui racontent toujours la bataille d'Iéna ou d'Austerlitz.

Le décret accepté et approuvé dans les termes que je viens de dire, il ne s'agissait plus que de procéder à la liquidation et au règlement du compte de M. Garreau avec l'administration. C'est ici que nous allons pouvoir apprécier, dans toute sa portée, le contraste frappant entre les procédés si durs et si blessants du ministre trompé, opposés aux procédés si justes et si bienveillants du ministre détrompé.

Dans ses conclusions auprès du Conseil d'Etat, M. Garreau avait articulé la demande de dommages et intérêts, pour toutes les dépenses et les pertes qu'il avait faites par suite du procès, par lui soutenu durant le cours de près de sept années. Le Conseil, en se fondant, dans les considérants de son arrêt, sur la disposition légale qui s'opposait à ce qu'il statuât sur cette demande, indiquait assez clairement qu'il en reconnaissait le bien fondé, en renvoyant M. Garreau devant le ministre, pour faire valoir ses droits.

Cette bonne disposition du Conseil d'État, qui semblait passer inaperçue, nous parut assez importante, pour nous en servir utilement auprès du ministre, auquel nous adressâmes une requête motivée à ce sujet. Pour l'appuyer et lui donner chance de succès, on me conseilla de demander l'intervention d'un haut personnage dans la magistrature, qui connaissait bien notre affaire, à laquelle il avait même porté un grand intérêt, et dont l'opinion très-tranchée nous était tout à fait favorable.

Il suffisait, me disait-on, de quelques mots de lui pour que les portes du cabinet du ministre, avec lequel il était en très-bonnes relations, me fussent ouvertes à deux battants, et pour que notre demande fût prise en sérieuse considération.

J'allai le trouver, et, après que je lui eus donné communication de notre requête et toutes les explications nécessaires pour la bien faire comprendre, il me dit, en termes polis, mais sur un ton assez dégagé, ces paroles dont j'ai parfaitement conservé le souvenir :

« Comment! vous avez poursuivi, attaqué, on peut dire sans aucun ménagement, un ministre; vous l'avez battu et fait condamner sur tous les points, et vous voulez qu'il vous en témoigne sa reconnaissance en vous accordant une forte indemnité!... En vérité, cette prétention de votre part me paraît tellement singulière, que je suis étonné de la rencontrer dans un esprit aussi sérieux que le vôtre.»

Je me bornai à répondre que notre demande était de toute justice, et qu'envisagée à ce point de vue, le ministre ne pouvait se dispenser d'y faire droit; que j'avais, au surplus, quelques raisons pour le croire. A quoi il me répondit lui-même par un sourire d'incrédulité, d'une nuance sarcastique assez peu ménagée.

Il s'en fallait que l'entrevue, dont on m'avait fait espérer beaucoup, nous fût avantageuse, et il ne me restait plus qu'une seule chose à faire, c'était de prier instamment mon interlocuteur, si mal disposé, de regarder comme non avenu ce que je venais de lui dire.

Malgré tout, je n'en persistai pas moins, et — contre l'opinion de ce haut personnage et celle de M. Maurice Duval, lui-même, qui, malgré mes raisons, n'avait aucune foi dans le succès de ma démarche et craignait, d'ailleurs, qu'elle ne créât des difficultés pour le règlement du compte de M. Garreau, — je me présentai chez le ministre; il était absent, et je ne pus confier notre requête et donner mes explications qu'à son secrétaire, qui m'écouta avec attention et me promit de la remettre lui-même à son adresse.

Cette requête, renvoyée par le ministre au directeur des cultes, donna lieu, de la part de celui-ci, à des observations qui tendaient évidemment à son rejet pur et simple. Elle fut, entre lui et moi, le sujet d'explications très-vives, dans lesquelles j'essayai de lui faire comprendre que notre réclamation était fondée en droit et en équité, et que, si M. le ministre n'y pouvait faire droit, nous étions décidés à introduire l'instance, devant les tribunaux civils, contre les véritables auteurs du préjudice qui nous avait été causé, et dont les actes et les noms, — désormais mal cachés, — apparaîtraient au grand jour, quelque haut qu'ils fussent placés. Je pris congé en disant qu'on se trompait beaucoup, si l'on croyait que notre dernière amorce fût brûlée.

Le lendemain, je fus appelé pour donner de nouvelles explications, et, après une discussion, cette fois très-calme, sur tous les points articulés à notre requête, on me donna l'assurance qu'elle serait sérieusement examinée par le ministre. Entrée dans cette voie, il était aisé de comprendre qu'elle était admise en principe, et qu'il ne s'agissait plus que d'en discuter les chiffres.

Ainsi, notre persistance, qui, à son début, avait été trouvée presque ridicule, voire même taxée d'un entêtement breton assez déplacé, nous a, comme on va le voir, parfaitement réussi ; car la discussion sur cette dernière partie du débat étant terminée, le règlement du ministre, dans une juste et loyale appréciation de nos réclamations, porte en compte :

1° Le montant en capital de la somme restant due à M. Garreau, déduction faite des à-comptes par lui reçus antérieurement à ce règlement.	186.818 15	258.418 15
2° Intérêts et intérêts sur intérêts de cette somme. . .	51.092 50	
3° Supplément d'intérêts pour cause de retard de paiement.	20.507 50	

Report.......	258,418 15
4° Pour indemnités des pertes éprouvées par l'entrepreneur, par suite du procès..............................	108.000 »
Montant total de la somme reçue par M. Garreau...	366.418 15

Je dois constater ici, à l'honneur de l'administration, que, dans ce premier article de 186,818 fr. 15 c., se trouve comprise la somme de 33,236 fr. 93 c., appliquable: 1° à celle de 14,002 fr., dont M. Garreau avait toujours fait réserve dans ses précédents arrêtés de comptes; 2° à une omission par lui faite à son préjudice, qui a été reconnue par suite d'une contre-vérification de ses comptes, par le bureau du contrôle du ministère, omission contre laquelle il n'avait et n'aurait, à coup sûr, fait aucune réclamation; 3° enfin, à celle de 1,650 fr., montant des travaux de réparations, nécessités par suite de démolitions et sondages pratiqués par ordre de M. Lassus, et dans un but purement hostile, dans les piliers et les fondations de l'abside de la cathédrale; — ce qui, par parenthèse, avait soulevé un mouvement de réprobation générale, que M. Marius Rampal, alors préfet, traduisait par cette expression énergique: « *C'est du vandalisme!* »

Ainsi, le premier chapitre du règlement, en ce qui concerne la partie matérielle des travaux, s'élève à la somme de 258,418 fr. 15 c., et je dois rappeler ici que

M. Lassus, appelé par le ministre, en a affirmé la sincérité, en reconnaissant, après vérification, que toutes ces sommes étaient légitimement dues à M. Garreau, et en signant, de sa main, les pièces comptables destinées à la cour des comptes, pour en autoriser le paiement.

Quant à la seconde partie de ce règlement, concernant les indemnités auxquelles le ministre a jugé que M. Garreau avait droit, elles s'élèvent au chiffre de cent huit mille francs (1), savoir :

1° Quarante mille francs pour perte de matériel, locations de chantiers et magasins, entretien des chefs ouvriers restés à sa charge, etc...	40,000 fr.
2° Soixante-huit mille francs, applicables au préjudice causé par suite de la suspension des travaux pendant six ans, et des calomnies dirigées dans ce long intervalle de temps contre MM. Seheult et Garreau..........................	68,000 fr.
Total pareil....................	108,000 fr.

(1) En ajoutant aux intérêts, intérêts sur intérêts et indemnités payés par l'Etat à M. Garreau, les frais et honoraires de M. Lassus et de ses agents, on peut, sans faire compte de la perte des échafaudages, qui ne peut être évaluée à moins de 25,000 fr., et de beaucoup d'autres accessoires dont il n'est pas fait mention, avoir une idée de ce qu'il en a coûté au Trésor pour cette malheureuse campagne de MM. Lassus et Durieu.

« Sans nul doute, dit le ministre dans son exposé des motifs au sujet de cette dernière partie de l'indemnité, cette affaire présente des circonstances particulières, qui ont été très-préjudiciables au sieur Garreau. L'administration des cultes ne s'est pas bornée à se défendre, *par les voies ordinaires*, contre les réclamations de cet entrepreneur : elle a publié et fait distribuer, dans la ville de Nantes et aux environs, un mémoire fort étendu dans lequel elle lui reprochait d'avoir usé de dol, de manœuvres frauduleuses à son égard ; aujourd'hui, que les accusations, dirigées contre le sieur Garreau, ont été reconnues mal fondées, il convient de lui accorder une indemnité ; mais, par des considérations que le sieur Garreau a appréciées lui-même, j'ai cru devoir la fixer à 68,000 fr. »

Certes, une réparation aussi complète, faite en pareils termes par le ministre lui-même, est, à elle seule, la meilleure réfutation qu'on puisse opposer à toutes les calomnies dont les adversaires de MM. Seheult et Garreau ont été si prodigues envers eux. Ajoutons que cet acte de justice a été suivi d'une marque de distinction toute particulière pour le rapporteur, qui, à l'origine du débat, était, comme on l'a vu, armé de fortes préventions contre nous, mais dont l'opinion consciencieuse, éclairée par une longue et laborieuse étude de l'affaire, s'était, en dépit des séductions, des promesses et de sourdes menaces, résolûment prononcée contre le ministre en faveur de MM. Seheult et Garreau.

Le compte de M. Garreau, ainsi réglé, est suivi de son adhésion en ces termes :

« Le sieur Garreau a déclaré accepter ce compte, tel, dit le ministre, que je viens de l'arrêter, et il s'est empressé, *d'après le désir qui lui en a été exprimé,* de signer une renonciation à toutes poursuites ou réclamations ultérieures, soit contre l'administration des cultes elle-même, *soit contre ses agents ou toutes autres personnes qui ont pu participer, directement ou indirectement, au procès regrettable* auquel a mis fin le décret du 24 mai dernier. »

Si les preuves de toutes sortes n'abondaient pas pour démontrer l'intrigue que je viens de signaler, et la puissance qu'elle empruntait à une coupable participation, de la part d'hommes influents et haut placés, dont j'ai cru devoir taire les noms, cette formule si précautionneuse du ministre n'en serait-elle pas l'affirmation ?

Ce règlement de compte est accompagné de celui relatif aux honoraires dus à M. Scheult, en sa qualité d'architecte des travaux de la cathédrale.

En récapitulant les sommes très-légitimement dues à M. Garreau, et dont il a été payé par l'administration, on arrive à ce résultat qui justifie, même au point de vue financier, la qualification *de grosse, grande et grave affaire,* donnée, tantôt par le ministre, tantôt par le Conseil d'Etat, à celle de la cathédrale de Nantes.

Ainsi, M. Garreau a reçu, tant en capital qu'intérêts, intérêts des intérêts et indemnités, la somme

de	366,418 fr.
M. Lassus, par suite de son estimation, certifiée *aussi consciencieuse qu'équitable et modérée* par M. Durieu, prétendait que M. Garreau, au lieu d'être créancier, se trouvait débiteur envers l'Etat, de	289,000
Ce qui établit entre les calculs du ministre et ceux de M. Lassus *la modique différence de*.........................	655,418 fr.

M. Garreau, au lieu d'être créancier de 366,418 fr., constitué débiteur de 289,000 fr. par M. Lassus !..., et quand on pense que ce chiffre imposteur, n'ayant pour appui que les plus faux calculs et les plus grossiers mensonges, a pu être opposé pendant plus de six ans, et parfois avec chance de succès, à la vérité et à la modération si clairement établies des chiffres de l'honorable M. Seheult !

Pour faire raison de cette énormité, je n'ai besoin que de mettre en présence les trois entrepreneurs sérieux des travaux de la cathédrale, et M. Lassus lui-même, puis de poser et résoudre cette simple question :

A quelle somme s'élève le devis des travaux dressé par M. l'architecte Seheult, le 24 mars 1838, devis invoqué par les adversaires de MM. Seheult et Garreau, comme étant, ce qui est vrai, la base et le point de départ de toutes les opérations qui l'ont suivi ?

Cette somme, acceptée par l'entrepreneur, M. Garreau, après deux adjudications successives, inutilement tentées, s'élève au chiffre de 408,884 fr., soit en nombres ronds .... 409,000 fr.

Dont il faut déduire pour économies faites sur les prévisions du devis, et constatées par les décomptes des 12 septembre 1846 et mai 1848 20,000

Par conséquent, la somme dépensée par M. Garreau, pour ces premiers travaux, a été de .... 389,000 fr.

Or, si les mêmes travaux avaient été exécutés par l'entrepreneur, M. Ballereau, — qui, indépendamment de la garantie ordinaire de l'entrepreneur dont il voulait être exonéré, en raison des risques de l'entreprise, et autres conditions rigoureuses, demandait une augmentation de 10 %, — la dépense se serait élevée à 449,900 fr.

Si ces travaux avaient été exécutés par M. Sauvaget, prédécesseur de M. Garreau, — dont la dépense pour ceux qu'il a faits s'élève, d'après les décomptes, à 13 % au-dessus du devis de M. Seheult, — la dépense aurait atteint le chiffre de............ 462,170 fr.

Enfin, si les travaux avaient été exécutés au prix fixé par M. Lassus dans son estimation du 26 avril 1848 (voir, à cette date, son rapport au ministre), la dépense aurait *modestement* atteint le chiffre de 531,700 fr.

Par conséquent, et en comparant entre eux les cinq prix, il en résulte que l'excédant sur la somme dépensée par M. Garreau, s'escompterait dans les proportions suivantes, savoir :

Par M. Ballereau.................... 69,900 fr.

Par M. Sauvaget.................... 73,170 fr.

Et enfin par M. Lassus............... 142,700 fr.

Pour être juste ici, comme ailleurs, il faut dire que l'estimation des travaux faite par M. Lassus, dans les rapports qui ont suivi celui précité du 28 avril 1848, réduisant de 40 °/₀ les prix portés au devis de M. Seheult, il ne restait plus pour les dépenses que........................ 245,400 fr.

et qu'ici M. Garreau se trouvait distancé par une économie de.................. 143,600 fr.

Il est vrai qu'au moyen de cette *consciencieuse réduction* de M. Lassus, de ce gros démenti qu'il se donnait à lui-même, en présence de sa première estimation de 1848, cette somme, si ridiculement abaissée, était insuffisante pour payer la valeur des matériaux, et que, par conséquent, il ne restait rien, absolument rien pour leur mise en œuvre, et, à plus forte raison, pour *les bénéfices illicites si justement reprochés* à MM. Seheult et Garreau, par MM. Lassus et Durieu.

C'est en présence de ces faits et de ces chiffres, indiscutables, et qu'on n'a jamais pu contester, que MM. Seheult et Garreau ont été accusés, poursuivis et persécutés, pendant près de sept ans, pour avoir abusé de la confiance du gouvernement, et réalisé à leur profit des bénéfices, suivant les expressions de M. Durieu, *manifestement illicites !...*

Et à quoi, pourtant, tient la défaite ou le succès dans les meilleures causes, quand on pense que MM. Seheult et Garreau, après les tourments d'une aussi longue attente pour obtenir justice, ont couru le risque de perdre leur procès !... N'est-ce pas le cas ou jamais, de déplorer les malentendus ou les défaillances de la justice humaine, et d'appliquer ici les paroles de ce célèbre jurisconsulte, qui disait « que, s'il était accusé d'avoir emporté les tours de Notre-Dame dans ses poches, il se sauverait comme un voleur » ?

Ceci donne matière à bien des réflexions : d'abord, on est étonné que, par un sentiment de haine et de vengeance, un homme, quelque méchant qu'il fût, ait pu descendre à un pareil degré de bassesse, en se livrant à des exagérations aussi ridicules; ensuite, qu'elles aient résisté si longtemps à la démonstration aussi claire et aussi nette de la modération des prix portés aux devis et aux décomptes de M. Seheult.

Cela tient à deux choses : d'abord, il ne faut pas perdre de vue qu'au temps où M. Lassus procédait ainsi, M. Durieu était au pouvoir, dirigeait tout suivant son bon plaisir, et s'empressait, comme on l'a vu, de certifier sincères et véritables les prétendues expertises de M. Lassus, en même temps que l'*insigne mauvaise foi* de ses adversaires, MM. Seheult et Garreau, dont, par parenthèse, on était loin d'attendre une aussi formidable résistance; en second lieu, que l'attaque avait été combinée avec tant d'art et d'astuce, et une apparence de franchise, de désintéressement et de loyauté si bien accusée, qu'à moins de se livrer, comme nous l'avons fait, à un travail de décomposition des chiffres, aussi long que minutieux, il était impossible de se faire l'idée qu'ils eussent été aussi complétement dénaturés (1).

Ajoutons que, malheureusement, la calomnie est, par suite d'un fatal entraînement, trop souvent acceptée, à première vue et sans plus ample examen, par le plus grand nombre, et que, d'un autre côté, la conscience des âmes honnêtes n'est point au niveau des soupçons qui peuvent l'atteindre, quand cette calomnie s'élève au-dessus de tous les scrupules, et se traduit par de pareilles exagérations.

Cela explique, au moins jusqu'à certain point, les préventions fâcheuses que nous avons eu à combattre à l'origine du grand débat qui s'est ouvert devant le Conseil d'Etat, et dont il nous a vengés, comme le ministre lui-même, en nous rendant complète justice.

(1) L'honorable M. Maurice Duval, après avoir pris connaissance du résultat de nos recherches dans les papiers de M. Garreau, et du parti qu'on en pouvait tirer au profit de la vérité si bien cachée dans le labyrinthe obscur de l'attaque, rendait sa pensée par cette comparaison pittoresque : « Nous avions devant nous un écheveau de fil que chacun reconnaissait pour être d'excellente qualité, mais il était tellement embrouillé, qu'on n'en pouvait saisir un seul brin. Un jour, l'un de nous a trouvé le bon bout, et nous sommes, enfin, parvenus à le dérouler tout entier sans effort, et désormais sans autre peine que celle de livrer notre secret à nos juges. »

Ainsi s'est terminé, à la honte de nos adversaires, ce triste et scandaleux débat, où, comme cela arrive presque toujours, nous avons vu, en fin de compte et après leur défaite, les amis de la veille, étroitement unis par l'instinct du mal et le besoin d'une inique vengeance, devenir les ennemis acharnés du lendemain, et, sans plus de réserve que de conscience, se ruer l'un sur l'autre, s'accuser réciproquement, pour se décharger de la part d'iniquités incombant à chacun d'eux.

Ainsi, M. Durieu, chassé du ministère, s'était plaint d'avoir été trompé par M. Lassus et lancé, pour ainsi dire, contre son gré, dans cette mauvaise affaire. Celui-ci, appelé par le ministre, lors du règlement définitif des comptes de M. Garreau, qu'il reconnaissait justes et qu'il signait! se plaint d'avoir été victime de sa trop grande confiance dans ses agents, MM. Leblond, — et ceux-ci se défendent, en affirmant qu'ils n'ont fait qu'obéir aux ordres impératifs de leur patron, sous peine d'encourir ses disgrâces.

Telle est la formule qui, après sept ans de peines et de tourments de toutes sortes, s'est dégagée de cette infernale intrigue!

Ce qui reste vrai, c'est que, dans cette déplorable affaire, où la bassesse humaine nous a donné l'une des plus tristes pièces de son répertoire, tous les acteurs, petits et grands, ont mérité, à divers degrés, d'être conspués et sifflés par la galerie des honnêtes gens.

NOTE SUPPLÉMENTAIRE.

J'ai dit, en commençant, que, si je n'avais eu d'autres témoins que ma conscience et mes souvenirs, j'aurais peut-être hésité, tant ils sont incroyables, à raconter les faits et les incidents qui se rattachent à cette importante affaire de la cathédrale. C'est pour dissiper jusqu'à la moindre méfiance de prévention de ma part, que j'ai dû citer, dans le cours de ce récit, une partie de la correspondance à laquelle elle a donné lieu, et qui, au surplus, n'en pouvait être détachée sans nuire à ma narration.

Il me reste, pour lui donner plus de force encore, à citer ou à reproduire quelques lettres et quelques détails qui n'ont pu y trouver place. J'ajouterai, car cela est vrai, que ces lettres ont, pour moi, tout le charme d'une satisfaction personnelle dont je ne veux pas me priver.

Il m'a semblé qu'en plaçant en regard de mes propres assertions, celles de tant d'hommes honorables, il ne pourra rester aucun doute sur les personnes et sur les choses, dans les esprits les plus méfiants ou les plus timides, et qu'ainsi j'aurai atteint mon but, qui est de bien faire connaître cette importante affaire, dans l'intérêt de la morale, de la justice et de deux familles honorables, auxquelles je suis heureux et me félicite d'avoir prêté mon concours et mon appui.

M. Bignon à M. Huet.

« Paris, 31 mars 1853.

» Monsieur,

» Personne ne désire plus vivement que moi le succès de M. Garreau, dans l'instance qu'il a introduite devant le Conseil d'Etat, car ce serait le triomphe de la justice et de la vérité, et je puis dire que le contraire arrivant, ce serait l'une des plus fatales erreurs de la justice administrative. Cette erreur, je la déplorerais profondément, non-seulement parce qu'elle blesserait gravement les intérêts de M. Garreau, mais parce que cet arrêt, en consacrant une iniquité, resterait comme un monument attestant ce que peuvent les plus mauvaises passions, sous le masque de l'intérêt public, contre la probité sans artifice et sans défiance.

» Je ne vous parle pas de l'effet d'une pareille décision sur le caractère des deux hommes estimables, dont l'honneur est en quelque sorte engagé dans cette lutte. Sans doute il pourrait en recevoir une certaine atteinte, à l'égard des esprits prévenus; mais il n'aurait rien perdu aux yeux des personnes qui connaissent, depuis longtemps, ces hommes honorables, et qui ont suivi, avec intérêt, toutes les péripéties de ces tristes débats.

» Mais, Monsieur, quelle que soit la vivacité de mes vœux pour le succès de cette instance, il est une limite que les personnes, qui n'ont été revêtues d'aucun caractère public pour donner un avis dans cette affaire, ne doivent pas franchir; elles doivent éviter de donner prise à la calomnie, qui pourrait s'attacher aux hommes du passé, si méconnus aujourd'hui, *pour donner à leur intervention une couleur de parti, et prenez pour certain que j'ai mes raisons pour garder une prudente réserve.*

» Recevez, Monsieur, l'assurance des sentiments de haute considération, etc.

» BIGNON. »

Cette lettre a son mérite, non-seulement comme manifestation d'une opinion si respectable en faveur de MM. Seheult et Garreau, mais encore parce qu'elle vient à l'appui de celle de M. Duval, en date du 21 décembre 1852 (voir page 133), et de ce que j'ai dit, moi-même, sur cet infâme et pernicieux moyen employé par les adversaires, contre les défenseurs de MM. Seheult et Garreau.

M. le baron de Chassiron père, sénateur, à M. Jollan.

« Paris, 26 avril 1853.

» Mon cher ami,

» J'ai les doigts si peu flexibles que je suis obligé de vous écrire au crayon.

» Vous poursuivez une bonne action, avec cette ténacité de caractère et cette chaleur de cœur qui vous sont ordinaires ; je tiens à vous rappeler que mon fils et moi nous serons heureux de nous associer à votre œuvre. Ainsi, arrivez à Paris quand vous voudrez ; mais que ce soit avant le 15 mai, car, vers cette époque, je songerai à retourner dans mes champs......

» Adieu et à bientôt.

» Tout à vous.

» B^on DE CHASSIRON. »

Cette lettre de mon ancien et si regrettable ami atteste à quel point il avait pris à cœur l'affaire de MM. Seheult et Garreau, que j'avais eu l'occasion de lui expliquer à son passage à Nantes, pour se rendre à la Rochelle.

M. Raguideau à M. Jollan.

« Nantes, le 22 juin 1853.

» Très-cher monsieur Jollan,

» J'ai un pressant besoin de vous remercier des bonnes pages que vous avez bien voulu m'envoyer, il y a quelques jours. J'en ai fait un usage qui vous fera plaisir et que je vous dirai quand nous nous reverrons, et que nous pourrons causer à cœur ouvert. Aujourd'hui, je veux vous parler de ce mémoire où il me semble que j'ai retrouvé votre clarté d'exposition et tout votre talent. Ah ! que nous sommes heureux de vous avoir, pour porter ainsi, dans tous les coins les plus ténébreux, la lumière que nos adversaires se sont tant efforcés d'obscurcir ! Ce mémoire doit contribuer beaucoup à affermir les convictions de nos amis, et à redresser les mauvais jugements de ceux que les ennemis avaient corrompus. On ne doute pas que, si le ministre refuse au Conseil d'Etat les renseignements qu'il lui demande, ce refus ne devienne un argument puissant pour la bonne cause dont vous êtes l'avocat.

» Monseigneur est absent de Nantes pour jusqu'à la fin du mois : à son retour, je lui redirai votre incroyable dévouement, tout votre excessif travail à Paris ; d'où il devra conclure que, si une heureuse solution est donnée à notre affaire, ce sera bien à vous, très-positivement, que le diocèse la devra. Et, pour mon compte, nul n'en aura plus de bonheur que moi, et, surtout, nul cœur ne vous en aura, toute la vie, plus de reconnaissance.

» Ah! mon cher monsieur Jollan, je vous parle de reconnaissance, mais comment ferons-nous jamais pour vous la prouver? Car, selon mon cœur, c'est trop peu de se dire plein de gratitude ; on a besoin, après de tels services, de la prouver, non pas une fois, ni trois fois, mais cent fois, mais sans cesse, mais toujours. Et je sens bien que ce vif désir ne me suffira pas, et il nous faudra des occasions nombreuses, pour vous payer cette dette si douce que nous contractons envers vous.

» Permettez-moi de dire au cher ami M. Garreau

combien je l'aime, combien j'admire son énergie, et combien il nous sera cher, si jamais il nous revient sain et sauf, après une bataille si acharnée.

» C'est de tout cœur, et avec tous les sentiments de respect les plus affectueux, que je suis, etc.

» L'abbé EM. RAGUIDEAU,
» Chanoine custode. »

M. le baron de Chassiron père, sénateur, à M. Jollan.

« Beauregard, 24 juillet 1853.

» Mon cher Jollan,

» Il me semble que vous avez déjà accepté ma correspondance au crayon, et je continue, parce que cette manière d'écrire convient mieux à mes doigts nerveusement crispés.

» J'ai appris avec peine que vous aviez été souffrant à votre retour à Nantes; vous payez un tribut à tant de veilles, de travail et de préoccupations, que vous ont causés vos deux compatriotes dont vous voulez faire triompher le bon droit. Je ne doute pas qu'ils n'obtiennent gain de cause après les vacances du Conseil d'Etat; prenez donc maintenant du calme et du repos. Vous retrouverez toujours le concours de vos amis, quand il en sera temps........... ....

» Tout à vous.

» Bon DE CHASSIRON.

M. Huet à M. Garreau.

« Paris, ce 4 janvier 1854.

» Monsieur,

» Je crois vraiment votre présence utile ici : M. le rapporteur s'occupe de l'affaire, le moment de lui donner des explications personnelles est arrivé. La présence de M. Jollan est aussi, je crois, bien nécessaire, et je vous envoie pour lui une lettre par laquelle je l'invite à venir achever ce qu'il a si bien commencé. Ses deux lettres à M. Bignon et à M. Duval sont parfaites, comme tout ce qu'il fait, mais c'est ailleurs qu'il faut agir, et je vous attends l'un et l'autre très-prochainement.

» Toujours votre tout dévoué serviteur,

« HUET. »

Le même au même.

TRIBUNAL DE PREMIÈRE INSTANCE D'EVREUX.
CABINET DU PRÉSIDENT.

« Evreux, le 28 avril 1854.

» Monsieur,

» Ce que vous me mandez me confirme dans mes appréciations, d'après lesquelles vous pourriez être tranquille. Je vois même que l'affaire a marché plus vite que je n'avais osé l'espérer, et j'augure bien de cette vitesse. Je ne serais pas étonné, par suite, quand la terminaison serait plus prochaine que je ne l'avais prévu. Enfin, vous touchez au terme de vos tribula-

15

tions, et tout me fait conjecturer que bonne justice vous sera rendue. Cinq à six années de votre vie auront été employées à l'obtenir, mais vous sortirez, je l'espère, avantageusement d'une lutte terrible dans laquelle il vous aura fallu le secours et l'appui d'hommes tels que MM. Jollan, Duval, Chaper, Bignon, etc., qui vous ont abrité contre d'injustes attaques. Nous avons sans doute beaucoup écrit, beaucoup imprimé, mais sans ces messieurs aurions-nous été lus ?... Grâces donc leur soient rendues pour l'énergie et la persévérance qu'ils ont mises à nous seconder. M. Jollan, dont les habitudes sont de faire le bien et d'aider au triomphe de ce qui est juste et bon, s'est consacré à votre défense avec un zèle et une ardeur dignes d'admiration. Je lui en sais, pour ma part, un gré infini. J'espère qu'il ne quittera pas Paris sans venir voir les Rotoirs. Je lui écrirai à ce sujet. Il faudra que vous veniez disposer *votre route* [1], pour qu'il puisse arriver. En attendant, offrez-lui mes affectueux compliments.

» Je partirai d'ici dimanche matin pour la campagne, avec Mme Huet, et en reviendrai mercredi. Si vous avez quelque chose de nouveau, écrivez-moi. Vous savez que je suis toujours tout à vous.

» HUET. »

[1] Cette route était un chemin dans l'intérieur du parc des Rotoirs dont M. Garreau avait surveillé les travaux.

Mgr l'Évêque à M. Jollan.

« En cours de visites pastorales, à Machecoul, le 15 mai 1854.

» Monsieur,

» Le diocèse de Nantes et son évêque doivent être au premier rang dans les remerciements et les félicitations à vous adresser, pour le magnifique succès que vous venez d'obtenir. La cause de la justice sera toujours notre cause; mais elle nous devient plus chère encore, quand elle touche immédiatement aux intérêts sacrés que nous devons protéger et défendre. Je serai heureux, Monsieur, de pouvoir vous présenter aux catholiques et au clergé de mon diocèse, et spécialement au chapitre de ma cathédrale, comme un des hommes auxquels ils doivent le plus de reconnaissance.

» Achevez votre œuvre, Monsieur; faites comprendre au Pouvoir que, parmi toutes les réhabilitations, les réparations et les restaurations qu'il poursuit avec tant d'énergie, l'achèvement de notre cathédrale occupe une grande place. Nantes est la vraie capitale de la Bretagne; pour les cœurs bretons, les intérêts de la foi religieuse sont au premier rang; tous les yeux sont donc fixés sur ce grand édifice, si malheureusement interrompu dans de mauvais jours. La pensée et la bienveillance du Gouvernement se manifesteraient avec un grand éclat par une reprise solennelle des travaux de la cathédrale, et les catholiques de nos cinq départements bretons, les cent mille catholiques surtout de notre grande ville, éprouveraient une joie profonde à une pareille nouvelle.

» Dites ces choses, Monsieur, comme vous savez les dire et les sentir, et le Gouvernement comprendra qu'il y a ici à faire à la fois une œuvre de justice, de réparation, de bonne administration et aussi de profonde sagesse politique. C'est là ma grande conviction; et, quoique je n'habite ce pays que depuis cinq années, je connais, j'aime, j'apprécie et je respecte assez le caractère breton, pour savoir tout ce qu'on peut en tirer, en s'adressant à ses nobles instincts et à ses sentiments élevés.

» J'ai à peine le temps de dicter ces quelques lignes, au milieu des travaux incessants de mes visites pastorales. Les bonnes populations que je visite sont, comme vous les connaissez, pleines de foi et de tendre vénération pour leurs pasteurs, et il faut leur donner tous mes instants et toutes mes forces pour les satisfaire.

» Agréez, Monsieur, l'assurance de ma haute considération, de ma reconnaissance et de mon sincère dévouement.

» † ALEXANDRE. »

M. Jollan à Mgr l'évêque.

« Paris, 21 mai 1854.

» Monseigneur,

» J'ai reçu l'excellente lettre que vous m'avez fait l'honneur de m'écrire. Elle a mis le comble à la joie que m'a fait éprouver le succès dont vous avez l'extrême bonté de me féliciter personnellement, et qui s'est ici, comme à Nantes, manifestée avec une grande émotion dans tous les cœurs honnêtes. Les préliminaires de cette joie si douce, qui pénètre le cœur et descend au fond de la conscience, étaient visiblement écrits, votre bon abbé Raguideau vous le dira, sur la physionomie de nos juges, qui révélait à ne pouvoir s'y méprendre, qu'en flétrissant d'injustes accusations, qu'en rehaussant le mérite des hommes honnêtes et courageux qui en ont été si cruellement victimes, ils faisaient non-seulement un acte d'éclatante justice, mais de haute moralité.

» Une autre réparation, bien autrement importante, puisqu'elle doit satisfaire à l'intérêt d'une population religieuse tout entière, dont vous avez eu, Monseigneur, tant de peine à calmer la juste et impatiente irritation, reste à faire. C'est à cette œuvre qu'il faut se consacrer sans relâche, et par tous les moyens qui sont en nous. Pour mon compte, je n'y faillirai pas, ma conscience me le dit, et je suis trop fier de la confiance dont Votre Grandeur m'honore en faisant appel à mes efforts, pour ne pas suivre son impulsion avec autant d'entraînement que de persévérance.

» Dans la situation actuelle des choses, cette réparation me paraît devoir être la suite nécessaire et, pour ainsi dire, le complément indispensable du jugement qui vient d'être solennellement rendu. En appréciant les choses comme elles doivent l'être, le Gouvernement doit sentir, d'ailleurs, comme vous l'exprimez si bien, que c'est une œuvre de justice, de bonne administration et de profonde sagesse politique qu'il s'agit de pratiquer ici. Espérons qu'il le comprendra. En tout cas, les avertissements ne lui manqueront pas et lui seront donnés par les hommes les plus capables et les plus influents.

» Le bon abbé Raguideau, Monseigneur, pourra lui-même nous être d'un grand secours, car, pendant son court séjour ici, il a su se concilier, et c'est avec un grand bonheur que je vous le dis, autant de suffrages qu'il a vu de personnes. Sa parole si naturelle, si expansive, si franche et si nette, porte, sans aucun effort, la conviction dans tous les esprits ; c'est là le témoignage que j'ai recueilli avec joie de la bouche de plusieurs amis auxquels je l'avais présenté, et que j'ai eu l'occasion de revoir depuis son départ.

» Aussitôt mon retour, j'aurai l'honneur de vous voir, et, si vos moments vous le permettent, vous aurez ma première visite. Je vous rendrai compte dans ma conscience de ce qui aura été fait avant mon départ, et, dans votre haute sagesse, vous aviserez, en prenant pour constant que je tiens à honneur d'être à votre entière disposition.

» Veuillez agréer, Monseigneur, l'assurance du profond respect, etc.

» JOLLAN. »

M. Raguideau à Mme Seheult.

« Paris, dimanche soir, 15 mai 1854.

» Chère dame,

» C'est à vous même que je veux écrire, plutôt qu'à M. Seheult, parce qu'il aura, je pense, un double plaisir, en recevant de votre main le charmant bouquet que je vous envoie à tous deux. M. Jollan n'a pu que vous écrire la nouvelle du magnifique triomphe qu'il a remporté, sans pouvoir vous en donner les détails. Tous nos moments, depuis la victoire, se sont passés à remercier, à visiter tous ceux qui y ont pris part, et voici, en vérité, notre premier moment libre. Je suis bien heureux de le consacrer à épancher dans vos cœurs un peu de la joie, si douce et si vive, qui déborde dans les nôtres.

» Vous aurez compris d'abord combien j'ai été bien inspiré de partir jeudi matin de Nantes, sans différer d'un seul instant, puisque je n'ai eu tout juste que le temps d'arriver pour le moment solennel. Ces messieurs m'attendaient au chemin de fer; là ils m'apprirent que c'était le lendemain vendredi, à onze heures, que la sentence définitive devait être prononcée. L'anxiété était grande, mais aussi bien vive était la confiance : l'incomparable M. Jollan avait tellement éclairé les hommes et les choses; les convictions étaient partout si bien établies par toutes ses explications, par ses preuves réunies et accumulées, que le succès paraissait assuré. Puis, la section du contentieux, dans le premier jugement unanime qu'elle avait rendu, était un point de départ qui ouvrait assez évidemment le chemin de la victoire. Tout notre premier soir se passa donc à discuter, à peser les motifs de nos espérances.

» Nous ne nous étions point trompés, si ce n'est que le succès a de beaucoup dépassé notre attente. Jamais on a vu au Conseil d'Etat, nous dit tout le monde, une séance d'affaire importante dans des conditions plus extraordinaires. 1° Les deux inculpés s'y sont présentés sans avocat, forts de leurs bons droits, si clairement établis dans tous les esprits par les lumières versées à flots par M. Jollan, et s'en remettant à la conscience bien éclairée des juges. 2° L'administration, qui avait pris un avocat, contrairement aux usages du Conseil d'Etat, — et qui avait prouvé, ainsi qu'elle n'avait pas une trop grande confiance dans ce Conseil, — forcée, par le silence de l'avocat de MM. Seheult et Garreau, de retirer la parole à son propre avocat. 3° Enfin, le ministère public soutenant les accusés, les défendant contre l'administration, prenant un à un les points principaux de l'attaque, les disséquant, les réfutant, en prouvant leurs exagérations, leurs mensonges; puis, se reportant aux preuves éclatantes de l'honnêteté, de la délicatesse en tous points, de MM. Seheult et Garreau, les montrant nettes, palpables, saisissantes, telles qu'elles pouvaient, telles qu'elles auraient dû apparaître, si la calomnie ne les eût dénaturés. En trois mots, disent les conseillers d'Etat, *voilà une séance des plus étonnantes qu'il soit jamais donné de voir.*

» M. le rapporteur Daverne avait commencé par lire une partie seulement de son volumineux travail, fruit d'une étude approfondie pendant six mois, vrai travail d'Hercule, dit M. le président, où le plus menu détail de cette immense affaire a trouvé sa place; travail qui a pesé tous les mensonges, toutes les calomnies de l'attaque, mais aussi toutes les preuves éclatantes d'honneur et de probité venues d'autres sources, et qui a mis dans un si grand relief, la profonde estime qui est due à MM. Seheult et Garreau; travail qui a supputé tous les chiffres, et qui se termine par un hommage bien constaté de leur rigoureuse exactitude.

» Cette première partie, qui nous offrait déjà de si douces émotions, n'était rien en comparaison de ce qui l'a suivie. Quand le conseiller chargé des fonctions du ministère public, a pris la parole, il a commencé par faire un tel éloge de MM. Seheult et Garreau, que je n'y comprenais plus rien... Mon étonnement est bientôt devenu tel, que je n'ai pu m'empêcher de dire à M. Jollan : « Mais vous m'aviez dit, pourtant, que vous n'auriez point d'avocat. Cet orateur qui vous défend, est-il M. Huet ? » — « Mais, non, m'a répondu M. Jollan; celui qui parle ainsi pour nous, est celui qui nous devrait combattre, s'il y avait lieu. »

» Or, c'est ainsi que, pendant près d'une heure, M. Lavenais a pulvérisé tous les points de l'accusation et mis en relief, sous toutes les faces, les preuves nombreuses qui établissent la probité scrupuleuse des inculpés et la très-coupable malice des accusateurs. Vous ne sauriez vous représenter, très-excellente dame, les physionomies des conseillers d'Etat, s'épanouissant, s'illuminant d'une manière sensible, à mesure que toute la honte retombait sur les accusateurs. Quand, par exemple, M. Lavenais a prouvé que, si l'administration eût admis les prix présentés par MM. Lassus et X..., M. Garreau n'aurait pas même reçu *la valeur de ses matériaux bruts*, et qu'ainsi il aurait perdu leur transport, leur taille, leur montage, le Conseil en a presque trépigné. Quand il a démontré que tous les ans M. Seheult n'a cessé de demander à l'administration un surveillant, un contrôleur des travaux; puis, quand il a fait cette question : « Messieurs, quand un homme veut tromper, invoque-t-il chaque année un contrôleur de ses œuvres? » il y avait, sur toutes les figures, l'assentissement le plus visible.

» Passant ensuite à l'entrepreneur, qui, pendant plus de six mois, a refusé de souscrire au marché de 1845, M. Lavenais a demandé à peu près dans ces termes : « Messieurs, quand un entrepreneur trouve à réaliser de faciles bénéfices, hésite-t-il longtemps à saisir cette occasion? Faut-il de puissantes influences pour l'y amener? A-t-on besoin de six mois d'instances pour l'y contraindre? etc., etc. »

» Dès ce moment, très-chère dame, bien avant le délibéré du Conseil, notre cause nous a paru gagnée. Notre joie allait donc toujours en grandissant, lorsque le comble y a été mis par les conclusions suivantes, que M. Lavenais lui-même a proposées au Conseil d'Etat :

» 1° L'arrêté du conseil de préfecture, *cassé ;* 2° 50,000 fr. à payer immédiatement à M. Garreau, à valoir sur toutes les sommes dues; 3° intérêts payés de toutes les sommes dues; 4° paiement des intérêts des intérêts; 5° toutes les voies ouvertes à M. Garreau pour faire valoir ses droits à toutes les indemnités des dommages qu'il a soufferts pour cet injuste procès.

» Quel triomphe, chère dame!

» Un mot encore sur les visites que nous avons faites depuis vendredi. Nous avons vu M. le président Boudet; il a reçu M. Jollan avec une expansion visible de grande reconnaissance: son cœur lui disait que c'était à M. Jollan qu'il devait ses lumières, puisqu'au mois de septembre, vous savez, chère dame, comme cette affaire, sans M. Jollan, allait finir. Le président savait bien que le Conseil tout entier n'avait été entraîné à l'étude que par M. Jollan; aussi aimait-il à lui dire : « Cette affaire était *la vôtre*, vous l'appeliez *votre affaire*, vous vous étiez *passionné* pour elle. Eh bien ! je vous dirai que vous nous aviez *passionnés nous-mêmes*; oui, le Conseil d'Etat *tout entier* était *passionné* pour votre affaire, *passionné* du désir, de la volonté, de rendre enfin complète justice à MM. Scheult et Garreau, si indignement accusés depuis si longtemps. »

» M. Bignon n'en pouvait plus de bonheur : il a embrassé, collé contre son cœur ce bon Garreau, et a remercié *avec larmes* M. Jollan de s'être fait son sauveur.

» M. Chaper et sa femme, hier soir, *pleuraient* de joie, en embrassant M. Jollan, en le remerciant d'avoir sauvé des hommes qui, sans lui, perdaient évidemment leur cause.

» M. Gauja, M. Maurice Duval, M. Auger se perdaient en expansions de bonheur pour les voir sauvés, et de louanges et d'admiration pour le sauveur.

» M. Daverne, M. Lavenais, que nous avons vus hier, le très-excellent M. Grillon, nous ont comblés de tous leurs témoignages de vives sympathies sur cette grande justice rendue.

» Je crois que je pourrais vous écrire cinquante pages, très-excellente dame, sur tout ce que j'ai vu et entendu depuis quatre jours, et je ne pourrais vous exprimer que faiblement tout le retentissement de cette affaire dans Paris, parmi le monde de tous les tribunaux, des architectes et des entrepreneurs. Tout le monde est content, tout le monde est heureux que justice éclatante soit rendue, que l'honneur soit donné, soit rendu à ceux qui ont toujours marché dans ses voies, et que la honte retourne à ceux qui ont tenté de la tarir à des innocents.

» Vous serez heureuse de lire ces pages, très-chère dame; je ne cherche point à vous prier de pardonner ma longueur, je n'ai plus de place pour vous dire mon respect.

» l'abbé Em. Raguideau,
» Chanoine custode.

» *P.-S.* — Vous comprenez qu'il n'y a plus de secret. Publiez sur les toits ce magnifique triomphe. »

Cette lettre, où respire si naturellement la bonté et la joie du bon abbé Raguideau, et qui rend, en même temps, un compte aussi exact de l'événement du grand jour, peut se passer de commentaires. On n'y pourrait reprendre que quelques exagérations sur mon mérite personnel dans cette affaire; mais, tout en les réduisant à leur valeur réelle, je les accepte comme un témoignage de précieuses sympathies de la part de ce digne et excellent homme.

M. Chaper à M. Seheult.

« Paris, 17 mai 1854.

» Monsieur,

» Bien que l'arrêt du Conseil d'Etat ne soit pas définitif, puisque la signature n'est pas encore donnée, il sera certainement approuvé, et je ne veux pas attendre cette dernière formalité, pour vous adresser mes vives et sincères félicitations sur votre éclatant triomphe. Jamais affaire, si aride en apparence, n'avait excité, dans le Conseil d'Etat, un intérêt aussi puissant; c'est que jamais on n'avait eu à juger une contestation qui s'éloignât aussi complétement, par le fond et par la forme, de toutes les affaires contentieuses.

» Pour la première fois, on voyait un ministre qui demande à déchirer des contrats réguliers, sanctionnés, exécutés pendant dix ans, sans la moindre réclamation, par ses prédécesseurs, et qui allègue, pour justifier cette énormité, que ces contrats sont l'œuvre de la fraude et de la déloyauté; en face du ministère, un architecte et un entrepreneur, autour desquels se pressent, pour les défendre, tout ce que le département et l'administration des Travaux publics comptent de sommités en tout genre: clergé, évêques, préfets, maires, députés, inspecteurs des monuments publics, conseil des bâtiments civils, ingénieurs des Ponts et Chaussées, ingénieurs militaires, pas un ne manque à cet appel de l'honneur; tous viennent dire que les deux accusés sont indignement calomniés, et n'ont jamais cessé de mériter l'estime et la confiance publiques.

» En vain, les accusateurs ont eu recours au vol, ont dérobé à l'architecte, à l'entrepreneur, à la préfecture, au ministère, toutes les pièces, toutes les notes propres à démontrer la loyauté des actes; en vain, l'on a surpris, par un honteux mensonge, la signature d'un ministre intérimaire pour frapper l'architecte; en vain, l'on a refusé à l'entrepreneur les sommes nécessaires pour payer les travaux commandés par l'Etat, et l'on a tenté de le ruiner et de le déshonorer: la conscience publique s'est révoltée. L'administration départementale a maintenu l'architecte dans ses fonctions à la préfecture, et elle a placé l'entrepreneur à la tête d'une mairie importante; toutes les bourses se sont ouvertes pour payer les travaux; les preuves de bonne foi, d'ordre parfait, de désintéressement, de délicatesse, ont fini par surgir de tous côtés, et ont suppléé à ce que le vol avait détruit.

» Enfin, un homme admirable de dévouement et de courage, M. Jollan, indigné de tant de manœuvres odieuses, a quitté ses affaires, sa retraite chérie, le soin de sa fortune et de sa santé, pour venir à Paris, deux ans de suite, réunir les débris du vol des papiers, refaire tous les comptes, répondre à chacune des accusations, jeter dans la balance le poids de son honneur et de sa loyauté si connue, pour amener les juges à entrer dans l'examen sérieux, mais bien difficile, des calomnies que l'on avait accumulées. Sans M. Jollan, je vous le dis avec une conviction profonde, M. Garreau était perdu.

» La défection de M. ***, si honorable pour vous, Monsieur, mais si redoutable et si imprévue, avait refroidi ceux qui en ignoraient la déplorable cause; il a fallu que M. Jollan réchauffât ce zèle incertain, et servît de centre à un ensemble de démarches propres à faire éclater la vérité. Le dévouement d'un tel homme est un de ces bonheurs bien rares que l'on ne pouvait espérer; mais de semblables bonheurs ne peuvent arriver qu'aux gens de bien. Jouissez-en, Monsieur; jouissez d'une réparation si solennelle, qui vous a été offerte, non-seulement par vos juges, non-seulement par ceux qui vous connaissaient, mais par le magistrat lui-même que la loi semblait vous donner pour adversaire, et qui a été votre plus ardent avocat.

» Personne ne prendra part à votre satisfaction avec une cordialité plus sincère, que celui qui vous a voué, depuis quinze ans bientôt, sa haute estime et son attachement.

CHAPER.

Je ne sais de quelles expressions je pourrais me servir, pour rendre l'émotion que je ressens en lisant cette lettre à l'adresse de l'artiste modeste, de l'homme intègre et si désintéressé que l'honorable M. Chaper connaissait et appréciait si bien ; de cet homme si honorable et si justement estimé, qui n'a jamais pu se consoler des infâmes calomnies dirigées contre lui, et qui, après un aussi long tourment, est mort à la peine, en ne laissant à sa veuve, après trente ans d'exercice, qu'un héritage insuffisant pour subvenir à ses besoins.

M. Huet à M. Jollan.

« Evreux, 20 mai 1854.

» Mon cher monsieur,

» Je ne veux pas différer à répondre à la charmante lettre que vous venez de m'écrire. Jamais, peut-être, je n'en ai lu qui m'ait causé autant de plaisir. C'est que plus les difficultés ont été grandes, plus la joie du succès déborde. Puis, qui ne serait heureux de ce concours si honorable et si dévoué, prêté à la plus juste des causes, par des hommes tels que vous, MM. Duval, Bignon, Chaper et tant d'autres !.... Mais je ne compte, dans cet immense résultat, moral et matériel, que la part que mes efforts m'y donnent, et je sais trop, Monsieur, combien est considérable la vôtre, pour ne pas vous reporter la gratitude de ce pauvre M. Garreau, dans l'immense proportion où elle vous est due.

» Vous me faites trop d'honneur en me partageant trop bien, et vous rendrez Mme Huet doublement heu-

16

reuse, en venant la visiter dans ses champs, et en amenant, avec M. Garreau et son fils, le bonheur dont ils ont été si longtemps privés. Tâchez que ce soit pour la fête de la Pentecôte. Tout devra être connu alors, et nous serons en pleine fête !

» J'envoie votre délicieuse lettre à Mme Huet, qui est repartie hier pour les Rotoirs, où je ne pourrai aller, la semaine prochaine, à cause des assises.

» Je ne vous dirai jamais assez, Monsieur, avec quels sentiments sympathiques et dévoués je suis

» Tout à vous.

» HUET.

» *P.-S.* — Je n'écris point à M. Garreau ; mais vous le verrez et lui direz, S. V. P., que je suis aussi heureux que lui. »

M. Emm. Laënnec à M. Jollan.

« Nantes, le 21 mai 1854.

» Cher ami,

» L'abbé Raguideau vient, ainsi qu'il vous l'avait promis, de me faire connaître en détail les incidents si remarquables, et, je dois ajouter si honorables, qui ont accompagné l'heureuse conclusion de votre entreprise. Déjà M. Seheult, auquel j'étais allé faire mon compliment à la première nouvelle de l'événement, m'avait mis un peu au courant, en m'exprimant, les larmes aux yeux, les sentiments dont il est pénétré pour vous. Grâce à votre zèle si dévoué, à votre intelligente activité, à cette puissante conviction, qui débordait de votre cœur, qui animait vos discours et réagissait inévitablement sur ceux qu'il fallait persuader, deux hommes de probité et d'honneur ont enfin obtenu la réparation que leur bon droit méritait assurément, mais qu'ils auraient vainement sollicitée, sans l'appui que votre amitié est venue leur prêter. Ils vous appellent leur sauveur, et tous ceux qui ont pu apprécier les difficultés dont l'intrigue avait embarrassé cette affaire, s'accordent à dire que vous méritez bien ce nom.

» Qu'il soit permis à ma vieille amitié de se joindre à ces braves gens, pour vous féliciter. J'ai bien le droit, moi qui, personnellement, ai reçu tant de témoignages de votre affection et de votre dévouement, de vous adresser, de loin, un cordial embrassement, après notre digne M. Bignon, Chaper, Maurice Duval, Gauja, et tant d'autres qui se sont pressés autour de vous au moment du triomphe. Je n'ajoute que ceci : Vous vous êtes consacré, avec une abnégation complète, à une lutte où l'intérêt et l'honneur de vos amis se trouvaient engagés; vous n'avez reculé devant aucun sacrifice, pour assurer leur défense et dévoiler la fraude et la méchanceté de leurs adversaires; maintenant que le succès a consacré vos efforts, il faut songer à vous. Votre santé doit nécessairement se ressentir de ces excès de travail. Vous devez donc quitter Paris, au plus vite, et venir vous reposer, soit au milieu de vos champs, qui réclament votre surveillance, soit dans votre retraite de la rue Paré. La bataille vous a soutenu jusqu'à cette heure; mais gare l'effet de la victoire! N'attendez pas, là-bas, la réaction. Adieu, cher ami!

» Tout à vous.

» LAENNEC. »

Je dirai, tout simplement et sans commentaire, que cette lettre, dont toutes les expressions partent du cœur, est de mon meilleur ami.

Lettre de M. Jules Janin.

« A M. Jollan!

» Monsieur!

» Un homme excellent, à qui vous avez rendu l'espérance et le courage, M. Garreau aîné, m'a prié de vous offrir, *moi-même*, en son nom, ce nouveau livre, écrit par moi, votre humble serviteur, à la louange des honnêtes esprits, des âmes fidèles et des cœurs généreux. C'est pourquoi M. Garreau a pensé que, *cette fois, enfin*, vous seriez facile et bienveillant à son offrande amicale, et moi, Monsieur, je m'estime heureux et fort honoré d'avoir été choisi, par l'honorable donateur, comme un messager qui vous serait agréable et que vous ne voudriez pas refuser!

» Ceci dit, je suis bien sincèrement, Monsieur, votre obéissant et tout dévoué serviteur.

» JULES JANIN.

» 20 janvier 1857. »

Cette lettre de M. Janin est écrite, de sa main, en tète d'une riche édition de son charmant livre intitulé: *Les Petits Bonheurs*. Qu'il me permette de lui dire qu'elle a été, pour moi, avec l'éloge si délicat qu'elle contient à mon adresse, fort au-dessus du plus heureux et du plus riant de ces petits bonheurs *de premier choix*, dont il nous trace le tableau d'une manière à la fois si originale, si spirituelle et si piquante.

J'ajoute qu'elle est, pour M. Garreau, la meilleure recommandation qu'il puisse opposer à certains bruits propagés par des envieux ou des méchants, qui, *charitablement*, se sont permis de dire qu'une fois son procès gagné, il n'avait eu rien de plus pressé que d'oublier les services reçus.

A quoi M. Garreau peut ajouter, lui-même, ce qu'a dit M. J. Janin, dans ses deux chapitres intitulés *Le Petit Bonheur des sots et des méchants*, à savoir: *que le sot est sot et le méchant un idiot*, ce que M. Garreau est à même de certifier véritable *de visu et auditu*.

En voici la preuve.

M. Garreau et son gendre, M. Hillaireau, venant un jour me visiter à ma campagne, se trouvent, dans la voiture publique, assis en face d'un gros monsieur, à l'air sournois et fort peu avenant; si bien que quelques mots furent à peine échangés avec ce voyageur à large face, dans le trajet de Nantes à Blain. Arrivés en vue de ma maison, le gros homme me nomma, comme en étant le propriétaire. — « Vous connaissez M. Jollan ? » lui dit alors M. Garreau. — « Parfaitement, répond-il. Il vient de terminer une *fameuse affaire*; il a réussi à sauver la fortune de l'entrepreneur des travaux de la cathédrale de Nantes, que je connais beaucoup aussi, le nommé Bernaudeau *(sic)*. M. Jollan a fait, pour ce procès, plusieurs voyages à Paris; il s'est donné bien de la peine: enfin, il a réussi! C'est très bien; mais j'ai appris que lui et Bernaudeau [1] s'étaient brouillés à tout jamais, *en réglant de compte*. D'ailleurs, c'est toujours ainsi que finissent les affaires: l'un, *tout naturellement*, demande trop, et l'autre, *bien entendu*, voudrait payer moins; de façon que chacun tire de son côté, et l'on se brouille.

Cela dit, notre homme articule le chiffre d'une grosse somme. M. Garreau et son gendre, piqués jusqu'au vif de cette finale, essaient, mais en vain, une rectification des grosses erreurs du gros homme, qui la repousse, en leur disant, d'une grosse voix: « Je connais l'affaire mieux que vous, mieux que personne, entendez-vous. »

A ces derniers mots, la voiture s'arrête à la barrière de ma prairie; M. Garreau et son gendre en descendent, et n'ont rien de plus pressé que de me raconter ce piquant épisode de leur voyage.

Après en avoir ri de tout cœur, je leur fis observer qu'au lieu de se fâcher, ils auraient bien mieux fait de répondre que la chose était si vraie, qu'ils savaient, à n'en pouvoir douter, que cette *grosse somme* m'avait été comptée par M. Jules Janin, banquier, rue Vaugirard, à Paris.

[1] Le malheureux! il ne s'apercevait pas qu'en tuant à bout portant un entrepreneur, il en estropiait un autre.

Ce fait, qui, à coup sûr, eût été noté, et répété, et affirmé par notre homme, n'aurait pas manqué de donner un nouvel intérêt à son récit.

Et remarquez que cela se passait au moment où M. Garreau m'apportait le livre de M. J. Janin, avec sa charmante lettre, qui, certes, est la meilleure preuve que M. Garreau ne pouvait offrir plus, et qu'à moins d'être un arabe, je ne pouvais désirer davantage.

Que dire de ce pauvre homme qui, par un exemple frappant, se charge de certifier les deux sentences de M. Jules Janin, en les résumant en lui-même? Que dire de ce galimatias à double couture ? Rien ou peu de chose, car il suffit de quelques mots, pour invoquer en sa faveur les circonstances atténuantes.

On saura donc, tout d'abord, que notre héros n'a jamais ouvert un livre, sans ronfler dès la première page. Il a, pendant un temps, et pour le besoin de son commerce, fréquenté les bois, où la loge du sabotier et la dryade des houx de la forêt faisaient alors toutes ses délices. A l'affût de la petite nouvelle du jour, il aime à gratter le comptoir de la boutique, à écouter les cancans de la commère du coin et le caquet des lavandières. Depuis qu'il a quitté la campagne pour la ville, on le rencontre assez souvent sur les trottoirs, où il paraît méditer, probablement sans qu'il s'en doute, les fantaisies érotiques les plus échevelées de Catulle.

On dit, et cela étonne, que, sauf son imposant embonpoint, le bonhomme est aujourd'hui bien tombé, et l'on assure que ce changement subit dans ses facultés mentales paraît si peu sensible, qu'on ne peut l'expliquer que par la comparaison de rien à moins que rien. *Sic transit....*

Après ce juste hommage que je devais rendre, en passant, à celui qui a bien voulu s'occuper de ma personne, j'en aurais fini, si je n'avais encore à répondre à quelques faits personnels qui me reviennent en mémoire.

Dans un autre ordre d'idées que celles de mon gros personnage, plusieurs ont attribué, au moins en grande partie, le succès de cette importante affaire de la cathédrale *à des démarches incessantes et à l'habileté d'un certain savoir-faire.*

Je confesse, non pas en toute humilité, car je m'en loue, que ces deux moyens, pris, bien entendu, dans leur meilleure acception, ne nous ont, Dieu merci, pas fait défaut, et qu'à part le bon droit, — que personne ne discute, parce qu'il est indiscutable, — ils ont pu contribuer, dans une certaine mesure, au succès obtenu.

Mais que l'on se garde bien de confondre ces démarches honnêtes dont on parle, avec cette intrigue sordide et de bas aloi, qui s'introduit, un genou en terre, sous le masque hypocrite d'un Bazile. Nos démarches à nous ont été de celles qui se font à ciel ouvert, en plein soleil, le front haut, et ne frappent à la porte de l'hôtel que pour y porter la vérité et en chasser le mensonge et la calomnie. Ces démarches ont été ce qu'elles devaient être, pour combattre avec avantage cette inique et méprisable intrigue, contre laquelle il ne fallait ménager ni ses pas, ni ses heures.

On les aurait, à coup sûr, évitées, ces démarches, si les coquins honteux, au lieu de refuser le combat en plein jour, auquel ils ont été si souvent provoqués, n'avaient pas persisté, en dépit des sommations réitérées qui leur ont été faites, à combattre dans l'ombre, avec les armes qu'ils nous avaient dérobées.

Quant à l'habileté déployée dans cette affaire, elle n'a pas, à beaucoup près, le mérite qu'on lui suppose. Ce que j'ai fait, beaucoup d'autres l'auraient pu faire, avec la ferme volonté d'arriver au but que je m'étais proposé d'atteindre.

Je suis vieux chasseur, et je me permettrai, au risque d'être trivial, de comparer cette habileté à celle d'un bon limier, qui connaît et sait déjouer les ruses du renard le plus fin et le plus madré; qui l'évente de loin, et, une fois sur la piste, le lance, se colle à sa voie, en rappelant à lui tous ceux qui s'en écartent; puis le relance dans tous les coins et recoins, et le poursuit à outrance et sans relâche, jusqu'au moment où l'animal, épuisé de fatigue, expire au bruit de la fanfare du piqueur.

Dans cette chasse aux méchants, que je suis autorisé, d'après la sentence écrite de mon grand maître, M. Jules Janin, à appeler la chasse à la grosse bête, j'ai fait, avec un certain tact d'appréciation et une ardente ténacité, ce que fait un bon chien par son instinct, un grand courage et un bon nez; voilà mon lot ni plus ni moins.

Je termine par un dernier mot à l'adresse de plusieurs personnes, qui, sans malveillance aucune, je le reconnais, se sont dit et m'ont dit à moi-même qu'elles ne comprenaient pas que je me fusse donné autant de peines, de fatigues et d'ennuis, dont, peut-être, on ne me saurait aucun gré, une fois cette grande affaire terminée. Je me permettrai de dire à ces personnes que, à leur tour, elles ne comprennent pas assez le bonheur de faire le bien, sans autre condition que celle de se rendre heureux soi-même. Je leur ferai observer que j'ai trop vécu (81 ans), pour ne pas avoir appris, et parfois à mes dépens, que les obligés de la veille se montrent trop souvent les ingrats du lendemain, et qu'en fait de reconnaissance, les débiteurs sont, pour la plupart, insolvables. Mais cela ne veut pas dire que le service rendu soit un mauvais placement, et, sans vouloir ici, plus que partout ailleurs, invoquer une exception à la règle générale qui en admet si peu, je persiste à croire que, si, malheureusement, on s'arrêtait à l'opinion contraire, on ne ferait jamais rien de bon ou qu'on ne finirait à rien.

Eh bien ! j'ai fini, et j'atteste en mon âme et conscience, — et les amis qui m'ont observé de près, peuvent en témoigner, — qu'en me dévouant à une aussi bonne cause, pour deux compatriotes indignement persécutés, j'ai fait, non-seulement pour eux, mais pour moi-même, une excellente chose, dont j'ai recueilli et conserverai toutes les joies jusqu'à mes derniers moments.

Bien fou qui en demanderait davantage.

TABLE.

Nantes. — Imp. Vincent Forest et Émile Grimaud, place du Commerce, 4.

www.ingramcontent.com/pod-product-compliance
Ingram Content Group UK Ltd.
Pitfield, Milton Keynes, MK11 3LW, UK
UKHW012205240726
13966UKWH00002B/578